KICKBOXEN

Hayashi

Klaus Nonnemacher
KICKBOXEN
Trainieren wie
der achtfache Weltmeister
COPRESS
SPORT

Umschlaggestaltung: Stiebner Verlag GmbH

Produktion und Layout:
Gaby Herbrecht, Mindelheim
Repro: EDV-Fotosatz Huber, Germering

Fotos im Innenteil und Umschlag:
Viktoria Schmid
außer: S. 10: Michael Deubner;
S. 100, S. 125: GES Fotoagentur

Bibliografische Information
Der Deutschen Bibliothek
Die Deutsche Bibliothek verzeichnet diese Publikation in der Deutschen Nationalbibliografie; detaillierte bibliografische Daten sind im Internet über <http://dnb.ddb.de> abrufbar.

Projektmanagement/Herstellung: Copress Verlag
in der Stiebner Verlag GmbH, München
Printed in Germany
ISBN-10: 3-7679-0896-4
ISBN-13: 978-3-7679-0896-3
www.copress.de

Der Autor:
Klaus Nonnemacher

Geburtsdatum: 28. Januar 1968
Beruf: Magister der Sportwissenschaft und Pädagogik
Disziplinen: Shotokan-Karate, Mach-I-Karate, Kickboxen

Sportliche Erfolge:

1988 Amateur Europameister im Leichtkontakt Kickboxen; -81 kg
1989 Amateur Weltmeister im Leichtkontakt Kickboxen; -81 kg
1989 WKA Deutscher Meister der Profis im Kickboxen Leichtschwergewicht; -79 kg
1991 WKA Weltmeister der Profis im Fullcontact Leichtschwergewicht; -79 kg
1992 WKA Weltmeister der Profis im Fullcontact Leichtschwergewicht; -79 kg
1992 IKBF Weltmeister der Profis im Kickboxen Leichtschwergewicht; -81 kg
1992 Weltmeister im Point Karate Schwergewicht; +91 kg
1993 WKA North Atlantic Champion im Kickboxen Cruisergewicht; -86 kg
1993 IKBF Weltmeister der Profis im Kickboxen Leichtschwergewicht; -81 kg
1994 IKBF Weltmeister der Profis im Kickboxen Leichtschwergewicht; -81 kg
1996 WKA Weltmeister im Semicontact/Pointfighting Schwergewicht; +91 kg
1997 WKA Europameister im Semicontact/Pointfighting Schwergewicht; +91 kg
1997 Internat. Karatechampion Long Beach California
1999 WKA Weltmeister der Profis im Kickboxen Cruisergewicht; -86 kg
2000 WKA Weltmeister im Semicontact/Pointfighting Schwergewicht; +90 kg
2004 ITF Weltmeister im Taekwon-do Schwergewicht

- Achtfacher Weltmeister in fünf verschieden Kampfsportarten
- Zweimal Kämpfer des Jahres in Deutschland
- Sechsfacher Gewinner Czek Open
- Gewinner der Vienna Open
- Gewinner des Grand Prix in Unna
- Gewinner der Dacascos Open
- Gewinner des Nationencup
- mehr als 15-facher Deutscher Meister im Pointfighting, Lightcontact, professionelles Kickboxing

INHALT

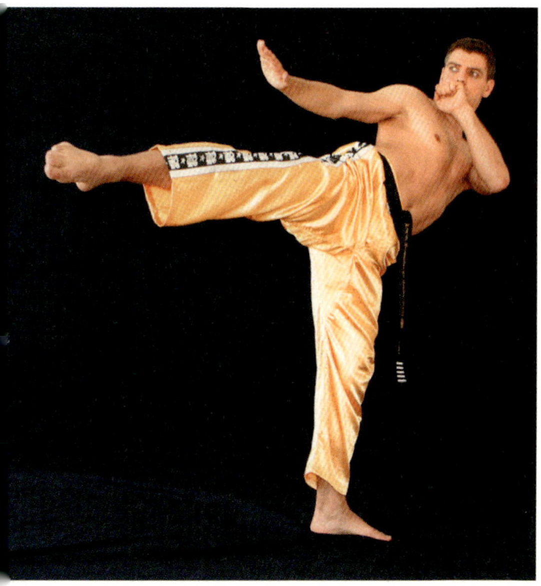

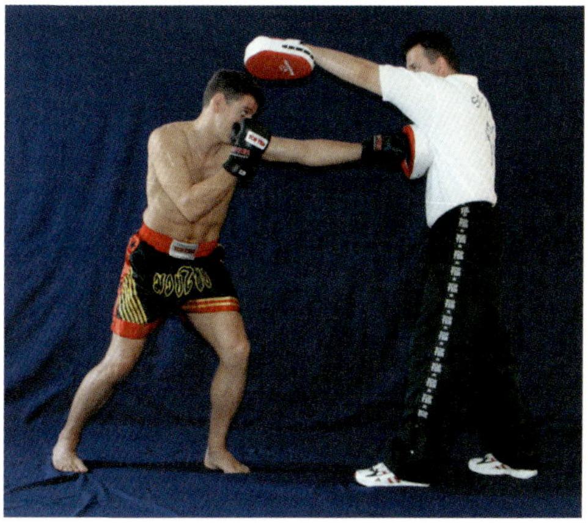

Kapitel 8 Kickpads (Schlagpolster) 88

Kapitel 9 Schlagkissen und Kickschild . . 106

Kapitel 10

Kapitel 11

Kapitel 12

»Dieses Buch widme ich meinen Eltern,
die mich stets moralisch und finanziell
im Erreichen meiner Ziele unterstützten.«
K. N.

VORWORT

Das vorliegende Buch basiert im wesentlichen auf meiner Erfahrung als aktiver Kampfsportler und Magister der Sportwissenschaft. Da es sich beim Kickboxen um eine komplexe Sportart handelt, sollte das Training abwechslungsreich gestaltet sein. Dieses Buch gibt Ihnen Tipps und Anregungen, so dass Sie Ihr Training effektiver gestalten können.
Es gibt zahlreiche Trainingsmethoden, um Kraft, Ausdauer, Schnelligkeit, Koordination, Balancegefühl und Flexibilität zu trainieren. Um all diese Punkte zu beschreiben, reicht der Platz in diesem Buch bei weitem nicht aus. Hier erkläre ich die kompletten Grundtechniken, beschreibe das Training, welches mich zum Profi-Weltmeister im Kickboxen geführt hat und zeige mehrere Methoden auf, Trainingsgeräte für den Kampfsport optimal zu nutzen.
Schnelligkeit, Kraft, Koordination und Kampftaktik sind einige wichtige Faktoren, die bei einem Kampf ausschlaggebend sein können. Versuchen Sie alle Eigenschaften in sich zu vereinen, um das Bestmögliche zu erreichen.
Seien Sie ehrlich und selbstkritisch. Jedem sollten seine Schwächen und seine Stärken bewusst sein, um zum perfekten Kämpfer reifen zu können.

Dieses Buch zeigt Ihnen verschiedene Trainingsmethoden. Seien Sie kreativ und verwenden Sie die besten für sich selbst. Wenn Sie auch nur einen Trainingstipp, der in diesem Buch enthalten ist, für sich nutzen können, habe ich mein Ziel erreicht.

Klaus Nonnemacher

KAPITEL 1 Kampfstellungen

Kampfstellung 1: Boxen/Kickboxen

Bild 1.1 Beide Füße stehen parallel zueinander, Sie befinden sich in einer entspannten Körperhaltung.
Bild 1.2 Sie gehen einen Schritt nach vorne. Dieser Schritt sollte wie ein natürlicher Schritt erfolgen. Achten Sie darauf, dass, wenn Sie Rechtshänder sind, der Schritt mit dem linken Bein erfolgt, Linkshänder gehen mit dem rechten Bein nach vorne.

WICHTIG

Achten Sie ganz besonders darauf, dass die Kampfhaltung entspannt ist. Vermeiden Sie eine zu stark verspannte oder verkrampfte Haltung. Die Bilder des Buches zeigen mich in der Linksauslage. Aus dieser Kampfhaltung können Sie sämtliche Fuß- und Fausttechniken ausführen.

1.1

1.2

1.3

Bild 1.3 Bei der dargestellten Kampfstellung sollte das Körpergewicht zu ca. 50 % auf jedes Bein verteilt sein. Beide Füße zeigen nach vorn. Die Ferse des hinteren Beines ist leicht vom Boden abgehoben, damit Sie schneller agieren können. Die Knie sind angewinkelt, der Rumpf ist von der Hüfte ab etwas zur Seite gedreht, um eine möglichst geringe Trefferfläche zu bieten. Die Arme sind gebeugt, wobei Sie die Ellenbogen eng am Körper halten sollten. Der Oberkörper ist ein wenig vorgebeugt, das Kinn sollten Sie leicht an die Brust ziehen. Der Kopf wird durch die nach oben gezogenen Schultern und durch die Fäuste geschützt.

Kampfstellung 2: Semikontakt/Pointfighting

Bild 1.4 und 1.5 Die Füße stehen parallel und seitlich zum Gegner: Der Abstand zwischen beiden Füßen entspricht etwas mehr als die eigene Schulterbreite. Die Knie sind leicht angewinkelt. Der Oberkörper befindet sich in aufrechter Haltung. Der vordere Arm deckt die zum Gegner gewandte Seite ab. Der hintere Arm deckt den oberen Bauch und Brustbereich, die Faust des hinteren Armes das Gesicht.

WICHTIG

Sie sollten in dieser Kampfhaltung entspannt sein. Achten Sie darauf, dass der vordere Arm möglichst locker ist, um den schnellsten Schlag im Semikontakt, die Backfist, ausführen zu können.

► **ALLGEMEIN:** Die Semikontakthaltung ergibt sich aus dem Regelwerk. Da Rücken und Hinterkopf keine Trefferflächen darstellen, haben Sie durch die seitliche Körperhaltung eine sehr geringe Trefferfläche. Ein weiteres Plus dieser Haltung im Semikontakt ist, dass Sie aus dieser Position zwei der effektivsten Techniken des Semikontakt-Kickboxens verwenden können: den Side-Kick mit dem vorderen Fuß und die Backfist mit der vorderen Hand.

1.4

1.5

KAPITEL 2
Beinarbeit

Step Forward

Bild 2.1 Sie befinden sich in der Kampfhaltung.
Bild 2.2 Sie gleiten mit dem vorderen Fuß nach vorn, der hintere Fuß bleibt auf seiner Position.

Bild 2.3 Das hintere Bein wird jetzt nachgezogen, so dass Sie sich wieder in der Ausgangsposition befinden.

2.1

2.2

2.3

2.4

2.5

2.6

Step Backward

Bild 2.4 Sie befinden sich in der Kampfhaltung.
Bild 2.5 Sie gleiten mit dem hinteren Fuß nach hinten, der vordere Fuß bleibt auf seiner Position.

Bild 2.6 Das vordere Bein wird jetzt nachgezogen, so dass Sie sich wieder in der Ausgangsposition befinden.

2.7

2.8

2.9

Step Leftside

Bild 2.7 Sie befinden sich in der Kampfhaltung.
Bild 2.8 Sie gleiten mit dem linken Bein nach links, der rechte Fuß bleibt auf seiner Position.
Bild 2.9 Das rechte Bein wird jetzt nachgezogen und Sie befinden sich wieder in der Kampfhaltung.

Step Rightside

Bild 2.10 Sie befinden sich in der Kampfhaltung.
Bild 2.11 Sie gleiten mit dem rechten Bein nach rechts, der linke Fuß bleibt auf seiner Position.
Bild 2.12 Das linke Bein wird jetzt nachgezogen und Sie befinden sich wieder in der Kampfhaltung.

WICHTIG

Achten Sie während der gesamten Bewegung der Steps auf Ihr Gleichgewicht. Auch sollten Sie während der Bewegung des Steps gefasst sein, noch in der Bewegung einen Angriff oder Konter zu schlagen.

2.10

2.11

2.12

ÜBUNGSTIPP: Trainieren Sie die verschiedenen Steps erst langsam und dann schnell. Ein Trainer oder Spiegel hilft Ihnen, die richtige Ausführung zu kontrollieren. Nachdem Sie die Schritte beherrschen, üben Sie die Fußarbeit in einem einfachen Bewegungsablauf. Dies kann folgendermaßen aussehen: Beginnen Sie mit fünf Steps nach links, fünf Steps nach rechts, fünf Steps nach vorne, fünf Steps nach hinten. Wiederholen Sie die Steps entsprechend je vier-, drei-, zwei- und dann einmal.
Wenn Sie diese Übung beherrschen, beginnen Sie nach jedem Step einen Jab zu schlagen, und wiederholen Sie diese Bewegungsform im Zusammenhang mit der Schlagtechnik.

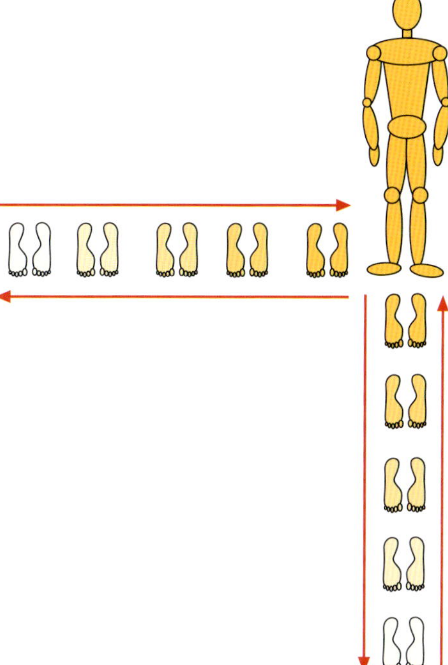

KAPITEL 3
Ausweichbewegungen

3.1

3.2

Feinting Down

Bild 3.1 Sie befinden sich in der Kampfhaltung.
Bild 3.2 Das Abtauchen erfolgt, indem Sie beide Knie gleichzeitig beugen und den Oberkörper ein wenig krümmen. Während der Bewegung bleiben die Fäuste schützend vor dem Kopf.

3.3

Bild 3.3 **WICHTIG:** Versuchen Sie nur so tief abzutauchen wie es notwendig ist, um dem Schlag auszuweichen. Ein zu tiefes Abtauchen erfordert unnötige Zeit und Kraft. Der Blick sollte während dieser Bewegung zum Kopf des Gegners gerichtet sein.

Feinting Back

Bild 3.4 Sie befinden sich in der Kampfhaltung.
Bild 3.5 Sie weichen zurück, indem Sie das Gewicht auf das hintere Bein verlagern. Dabei schieben Sie die Hüfte nach hinten und beugen das Knie des hinteren Beines.

3.4

3.5

Bild 3.6 WICHTIG: Weichen Sie auch hier nur soweit zurück, wie es unbedingt notwendig ist, um dem Angriff des Gegners auszuweichen. Achten Sie darauf, dass Sie sich beim Zurückweichen auf gar keinen Fall in eine Hohlkreuzhaltung begeben. Seien Sie bereit, nach dem Angriff des Gegners sofort wieder in die Ausgangsposition zu gelangen, um selbst einen Angriff auszuführen.

3.6

3.7

3.8

Bobbing-Left

Bild 3.7 Sie befinden sich in der Kampfhaltung.
Bild 3.8 Sie verlagern das Gewicht auf das vordere Bein. Der Oberkörper ist nach vorn gebeugt. In der Bewegung erfolgt eine leichte Drehung des Oberkörpers, so dass die hintere Schulter und der hintere Arm als Deckung vor den Körper gebracht werden.

3.9

Bild 3.9 WICHTIG: Weichen Sie nur soweit aus, wie es unbedingt nötig ist, um dem Angriff des Gegners zu entgehen. Achten Sie darauf, während der gesamten Bewegung im Gleichgewicht zu bleiben.

Bobbing-Right

Bild 3.10 Sie befinden sich in der Kampfhaltung.

Bild 3.11 Das Gewicht bleibt auf beiden Beinen gleichmäßig verteilt. Der Oberkörper wird zur Seite gedreht. Dabei schützen Sie den Kopf, indem Sie die vordere Schulter und den vorderen Arm zum Gegner drehen. Gleichzeitig winkeln Sie die Knie an, ähnlich, als würden Sie sich auf einen Stuhl setzen.

3.10

3.11

Bild 3.12 **WICHTIG:** Weichen Sie nur soweit aus, wie es unbedingt nötig ist, um dem Angriff des Gegners zu entgehen. Sollten Sie einen Konter auf den Angriff des Gegners hin ausführen, dann sollte dies mit der hinteren Schlaghand geschehen, da Sie in den Schlag aus der Ausweichhaltung Ihr ganzes Körpergewicht hineinlegen können.

3.12

3.13

3.14

3.15

Weave-Left

Bild 3.13 Sie befinden sich in der Kampfhaltung.
Bild 3.14 Sie verlagern das Gewicht etwas auf Ihr vorderes Bein, drehen die vordere Schulter nach vorne und führen den Oberkörper in einer Kreisbewegung nach rechts unten.
Bild 3.15 Im tiefsten Punkt der Bewegung drehen Sie die hintere Schulter und den hinteren Arm nach vorne.
Bild 3.16 Die Knie werden jetzt gestreckt, jedoch nicht ganz durchgedrückt. Der Oberkörper wird wieder aufgerichtet, wobei aber die hintere Schulter als Schutz vor dem Oberkörper bleibt.
Bild 3.17 Sie drehen Ihren Oberkörper nun wieder leicht ein, so dass Sie sich wieder in der Kampfhaltung befinden.

3.16

3.17

3.18

3.19

3.20

Weave-Right

Bild 3.18 Sie befinden sich in der Kampfhaltung.
Bild 3.19 Sie verlagern das Gewicht auf Ihr vorderes Bein, drehen die hintere Schulter nach vorn und führen den Oberkörper nach links unten.
Bild 3.20 Im tiefsten Punkt der Bewegung drehen Sie die sich nun hinten befindende Schulter wieder nach vorne.
Bild 3.21 Die Knie werden jetzt gestreckt, jedoch nicht ganz durchgedrückt. Der Oberkörper wird wieder aufgerichtet, wobei die Haltung der Arme beibehalten wird.
Bild 3.22 Sie drehen nun Ihren Oberkörper leicht auf und befinden sich wieder in der Kampfhaltung.

3.21

3.22

Bild 3.23 WICHTIG: Die Auspendelbewegung erfolgt in einer U-Form, egal ob sie nach rechts oder links verläuft. Sie sollten diese Form des Ausweichens nur gegen kreisförmige Angriffe wie beispielsweise bei einem rechten Haken zum Kopf verwenden.

3.23

KAPITEL 4
Low-Kick-Blocks

4.1

4.2

Low-Kick-Block von außen

Bild 4.1 Sie befinden sich in der Kampfhaltung.
Bild 4.2 Sie ziehen das vordere Knie an. Das angezogene Bein ist dabei leicht nach außen gedreht. Ihr Oberschenkel sollte in etwa rechtwinklig zu Ihrem Schienbein stehen. Das Schienbein und Ihr vorderer Unterarm bilden eine Linie, so dass die ganze äußere Seite gegen einen Angriff geschützt ist.

4.3

Bild 4.3 WICHTIG: Wenn Sie einen Low-Kick blocken, sollte Ihr Blick auf den Kopf und Oberkörper des Gegners gerichtet sein. Denken Sie daran, die Low-Kick-Distanz entspricht der Distanz der Fausttechniken.

4.4

4.5

Low-Kick-Block nach innen

Bild 4.4 Sie befinden sich in der Kampfhaltung.
Bild 4.5 Sie ziehen das vordere Knie an. Das angezogene Bein wird zu der Seite gedreht, von der ein Angriff erfolgt. Die Arme werden als zusätzlicher Schutz und als Blockverlängerung des Schienbeins eingesetzt.

4.6

Bild 4.6 WICHTIG: Wenn Sie einen Innen Low-Kick blocken, sollte Ihr Blick auf den Kopf und Oberkörper des Gegners gerichtet sein. Denken Sie daran, die Low-Kick-Distanz entspricht der Distanz der Fausttechniken.

KAPITEL 5
Fausttechniken

Jab

Der Jab ist eine gerade Schlagtechnik, die mit der Führungshand geschlagen wird. Die Auftreffflächen sind die Knöchel der Faust.

5.1

5.2

5.3

Bild 5.1 Sie befinden sich in der Kampfhaltung.
Bild 5.2 Der Schlag wird geradlinig mit dem vorderen Arm ausgeführt. Ihr Ellenbogen zeigt während der Ausführung nach unten. Die hintere Hand befindet sich zur Deckung am Kopf.

Bild 5.3 Das Gewicht verlagert sich auf das vordere Bein, Hüfte und Oberkörper drehen sich in Schlagrichtung. Der Kopf ist leicht nach vorn gebeugt. Der Arm wird vollständig gestreckt, wobei die Faust kurz vor dem Auftreffen eingedreht wird.

WICHTIG

Möglicher Fehler bei der Ausführung:
Der Ellenbogen wird während der Ausführung nach außen gedreht.
Korrekturmöglichkeit:
Versuchen Sie den Oberarm und den Ellenbogen eng am Körper entlang zu führen. Achten Sie darauf, dass der Ellenbogen während der Ausführung nach unten zeigt und sich erst im letzten Moment nach außen dreht.

5.4

5.5

Bild 5.4 Sie ziehen Ihren vorderen Arm wieder geradlinig zurück. Das Körpergewicht wird auf beide Beine gleichmäßig verteilt. Sie befinden sich nun wieder in der Kampfhaltung.
Bild 5.5 **WICHTIG:** Der Jab kann mit mehr Wucht geschlagen werden, wenn Sie während der Ausführung der Schlagtechnik mit einem kleinen Step auf den Gegner zugehen.
Der Jab kann als Angriffs- oder Verteidigungstechnik genutzt werden. Meistens wird er aber auch dafür verwendet, nachfolgende Techniken einzuleiten.

Punch

Der Punch ist eine gerade Schlagtechnik, die mit der hinteren Faust ausgeführt wird. Die Auftrefffläche sind die Knöchel der Faust.

5.6

5.7

5.8

Bild 5.6 Sie befinden sich in der Kampfhaltung.
Bild 5.7 Das Körpergewicht wird auf das vordere Bein verlagert. Das hintere Bein wird gleichzeitig mit der Hüfte nach vorn gedreht. Der Ellenbogen zeigt während der Schlagtechnik nach unten, und die Ferse des hinteren Beines ist vom Boden abgehoben.

Bild 5.8 Bein und Hüfte sind nun vollständig in den Schlag eingedreht. Das Gewicht ist komplett auf dem vorderen Fuß, auch Ihr Schultergürtel dreht sich in Richtung des Schlages. Im Moment des Auftreffens dreht sich die schlagende Faust ein.

5.9

5.10

Bild 5.9 Nach Ausführung des Schlages ziehen Sie Ihren Arm geradlinig an den Körper zurück. Das Körpergewicht wird auf beide Beine gleichmäßig verlagert. Sie befinden sich nun wieder in der Kampfhaltung.

Bild 5.10 **WICHTIG:** Der Punch ist eine sehr harte und effektive Technik. Dabei ist zu beachten, dass der Schlag ein Zusammenspiel aus Bein, Hüfte, Oberkörper und Arm ist.

WICHTIG

Möglicher Fehler bei der Ausführung:
Der Ellenbogen wird während der Ausführung nach außen gedreht.

Korrekturmöglichkeit:
Versuchen Sie den Oberarm und Ellenbogen eng am Körper entlang zu führen. Achten Sie darauf, dass der Ellenbogen während der Ausführung nach unten zeigt und sich erst im letzten Moment nach außen dreht.

Haken mit der vorderen Hand (Hook)

Der Haken ist ein kraftvoller, halbkreisförmiger, von der Seite treffender Schlag mit der vorderen Faust. Die Auftrefffläche sind die Knöchel der Faust.

5.11

5.12

5.13

Bild 5.11 Sie befinden sich in der Kampfhaltung.

Bild 5.12 Sie drehen Ihren Körper über den Fußballen des vorderen Fußes. Hüfte und Oberkörper drehen sich in Richtung des Schlages, der Ellenbogen der schlagenden Hand wird nach außen gedreht, Oberarm und Unterarm stehen etwa im 90°-Winkel zueinander.

Bild 5.13 Hüfte und vorderes Bein sind nun vollständig in den Schlag eingedreht. Oberkörper und Schlagarm stehen rechtwinklig zueinander. Ihr Kinn ist durch die hochgezogene Schulter geschützt.

5.14

5.15

Bild 5.14 Nach Beendigung des Schlages wird der Arm geradlinig zum Oberkörper zurückgezogen. Während der Bewegung drehen Sie Bein und Hüfte wieder in die Ausgangshaltung zurück. Sie befinden sich nun wieder in der Kampfhaltung.

Bild 5.15 WICHTIG: Achten Sie darauf, dass der Schlag nur effektiv ist, wenn die Fußumstellung und die Hüfteindrehung mit dem schlagenden Arm zusammen erfolgen.

WICHTIG

Möglicher Fehler bei der Ausführung:

Sie führen den Arm erst nach hinten, um Schwung zu holen und vernachlässigen dabei die Deckung.

Korrekturmöglichkeit:

Konzentrieren Sie sich darauf, dass der schlagende Arm direkt nach vorn geführt wird. Drehen Sie die Schulter des Schlagarms zuerst in den Schlag. Dadurch vermeiden Sie eine unnötige Ausholbewegung.

Haken mit der hinteren Hand (Hook)

Der Haken ist ein kraftvoller, halbkreisförmiger, von der Seite treffender Schlag, der mit der hinteren Hand ausgeführt wird. Die Auftrefffläche sind die Knöchel der Faust.

5.16

5.17

5.18

Bild 5.16 Sie befinden sich in der Kampfhaltung.
Bild 5.17 Das Körpergewicht wird auf den vorderen Fuß verlagert, hinteres Bein und Hüfte drehen sich in Schlaghaltung. Der Ellenbogen der schlagenden Hand ist leicht nach außen gedreht.

Bild 5.18 Das hintere Bein, die Hüfte, der Oberkörper und der Schultergürtel sind nun vollständig in die Schlagrichtung eingedreht. Achten Sie darauf, dass der Blick zum Gegner gerichtet ist. Der schlagende Arm steht rechtwinklig zum Oberkörper.

5.19

5.20

Bild 5.19 Nach Beendigung des Schlages wird der Arm geradlinig zum Körper zurückgezogen. Während der Bewegung drehen Sie Bein und Hüfte wieder in die Ausgangsstellung zurück. Sie befinden sich nun wieder in der Kampfhaltung.
Bild 5.20 WICHTIG: Der Haken mit der hinteren Hand eignet sich gut als Angriffstechnik. Jedoch sollten Sie darauf achten, den Schlag in eine Schlagkombination mit einzubauen und ihn nicht als Einzeltechnik auszuführen.

WICHTIG

Möglicher Fehler bei der Ausführung:
Sie führen den Arm erst nach hinten, um Schwung zu holen und vernachlässigen dabei die Deckung.
Korrekturmöglichkeit:
Konzentrieren Sie sich darauf, dass der schlagende Arm direkt nach vorne geführt wird. Drehen Sie die Schulter des Schlagarms zuerst in den Schlag. Dadurch vermeiden Sie eine unnötige Ausholbewegung.

Aufwärtshaken mit der vorderen Hand (Uppercut)

Der Aufwärtshaken ist ein Schlag, der von unten schaufelförmig in den Gegner geschlagen wird. Die Auftrefffläche sind die Knöchel der Faust.

5.21

5.22

5.23

Bild 5.21 Sie befinden sich in der Kickboxhaltung.
Bild 5.22 Sie verlagern das Gewicht auf das vordere Bein. Sie beugen den Oberkörper ein wenig nach vorn, drehen die hintere Schulter ebenfalls nach vorn, um den nötigen Impuls für den Schlag zu erhalten. Achten Sie darauf, dass die Deckung während der Bewegung aufrecht erhalten wird.

Bild 5.23 Sie drehen sich nun über den Fußballen des vorderen Beines mit Ihrem gesamten Körper in den Schlag. Mit dem schlagenden Arm erfolgt eine schaufelförmige Bewegung von unten nach oben. Das hintere Bein wird während des Schlages durchgedrückt.

5.24

5.25

Bild 5.24 Nach Beendigung des Schlages wird der Arm geradlinig zum Körper zurückgezogen. Während der Bewegung drehen Sie Bein und Hüfte wieder in die Ausgangsstellung zurück und verteilen Ihr Körpergewicht gleichmäßig auf beide Beine. Sie befinden sich nun wieder in der Kampfhaltung.

Bild 5.25 WICHTIG: Achten Sie darauf, dass Sie Ihr gesamtes Körpergewicht in den Schlag hineinlegen, dabei aber nicht Ihre Deckung vernachlässigen.

WICHTIG

Möglicher Fehler bei der Ausführung:
Während des Schlages legen Sie sich ins Hohlkreuz, und ein Teil Ihrer Schlagwirkung geht nach hinten verloren.

Korrekturmöglichkeit:
Achten Sie darauf, dass Ihr Kopf während der gesamten Technik leicht nach vorn gebeugt bleibt. Dadurch beugen Sie einer Hohlkreuzhaltung vor.

Aufwärtshaken mit der hinteren Hand (Uppercut)

Beim Aufwärtshaken mit der hinteren Hand handelt es sich um einen schaufelförmigen Schlag. Die Auftrefffläche sind die Knöchel der Faust.

5.26

5.27

5.28

Bild 5.26 Sie befinden sich in der Kickboxhaltung.
Bild 5.27 Das Körpergewicht bleibt auf beide Beinen gleichmäßig verteilt. Sie drehen Ihre vordere Schulter nach vorne, beugen die Knie und winkeln den Oberkörper ein wenig an, um den nötigen Impuls für den Schlag zu erhalten.

Bild 5.28 Sie verlagern das Gewicht auf das vordere Bein, drehen Hüfte, Oberkörper und Schultergürtel in Richtung des Schlages. Die Drehung der Körperachsen erfolgt über den Ballen des vorderen Fußes. Mit dem schlagenden Arm erfolgt eine schaufelförmige Bewegung von unten nach oben. Während der Bewegung verstärken Sie die Technik, indem Sie das hintere Bein durchdrücken und den Oberkörper aufrichten.

5.29

5.30

Bild 5.29 Nach Beendigung des Schlages wird der Arm geradlinig zurückgezogen. Während der Bewegung drehen Sie Bein und Hüfte wieder in die Ausgangsstellung zurück und verteilen Ihr Körpergewicht gleichmäßig. Sie befinden sich nun wieder in der Kampfhaltung.
Bild 5.30 **WICHTIG:** Achten Sie darauf, dass Sie während der gesamten Bewegung Ihre Deckung nicht vernachlässigen.

WICHTIG

Möglicher Fehler bei der Ausführung:
Sie führen eine übertriebene Schaufelbewegung mit dem Arm durch und vernachlässigen die Deckung.
Korrekturmöglichkeit:
Achten Sie darauf, dass der Winkel zwischen Unterarm und Oberarm 90° nicht überschreitet. Des weiteren versuchen Sie Oberarm und Unterarm so eng wie möglich am eigenen Körper entlang zu führen.

Backfist mit der vorderen Hand

Bei der Backfist handelt es sich um einen seitlichen Schlag. Die Auftrefffläche ist der Faustrücken.

5.31

5.32

5.33

Bild 5.31 Sie befinden sich in der Semikontakt-Kampfhaltung. Die Backfist ist eine der am meisten angewendeten Techniken im Semikontakt-Kickboxen. Aus diesem Grund sollte die Technik auch in der Semikontakt-Kampfhaltung trainiert werden.

Bild 5.32 Das Körpergewicht wird auf das vordere Bein verlagert. Der vordere Arm wird im angewinkeltem Zustand durch die Schultermuskulatur angehoben.

Bild 5.33 Sie strecken Ihr hinteres Bein vollständig durch, gleichzeitig wird Ihr vorderer Arm peitschenartig nach vorn geschleudert. Durch die leichte Schräglage Ihres Oberkörpers erzielen Sie eine größere Reichweite bei dieser Technik. Die hintere Faust bleibt während der gesamten Technik als Deckung am Kinn.

5.34

5.35

Bild 5.34 Nach Ausführung der Technik verteilen Sie Ihr Körpergewicht gleichmäßig auf beide Beine. Der vordere Arm wird wieder zurückgezogen und deckt Oberkörper und die Seite.

Bild 5.35 WICHTIG: Um einen Punkt mit der vorderen Backfist zu erlangen, muss diese ohne Kompromisse geschlagen werden. Mit anderen Worten: Wenn Sie vorhaben mit der Backfist einen Punkt zu erlangen, müssen Sie diese ohne zu zögern schlagen und sich hundertprozentig sicher sein, dass Sie einen Punkt erhalten können.

WICHTIG

Möglicher Fehler bei der Ausführung:

Die Backfist wird zu langsam geschlagen.

Korrekturmöglichkeit:

Seien Sie entspannt! Wenn Sie einen Angriff mit der Backfist durchführen, darf dieser nicht zögernd erfolgen. Führen Sie ein spezielles Training zur Verbesserung der Schnelligkeit durch.

Spinning-Backfist

Die Backfist aus der Drehung ist die kraftvollste Fausttechnik. Im herkömmlichen Boxen ist sie verboten. Die Auftrefffläche ist der Faustrücken.

5.36

5.37

5.38

Bild 5.36 Sie befinden sich in der Kampfhaltung.
Bild 5.37 Es erfolgt eine Drehung mit dem Kopf, gleichzeitig heben Sie die Ferse des vorderen Fußes an und rotieren über den Fußballen. Hüfte und Rumpf drehen sich automatisch mit. Gleichzeitig schwingen Sie den schlagenden Arm um die eigene Achse. Das Körpergewicht liegt jetzt vollständig auf dem Bein, um das Sie rotieren, das andere Bein wird gleichzeitig mit dem schlagenden Arm nach vorn umgesetzt. Ihr Blick ist auf das Ziel gerichtet.
Bild 5.38 Das hintere Bein steht nun vollständig vorn. Gleichzeitig erfolgt eine Gewichtsverlagerung auf das umsetzende Bein. Der Backfist schlagende Arm sollte genau zu diesem Zeitpunkt fast ganz durchgestreckt im Ziel sein.

5.39

5.40

Bild 5.39 Sie führen die Rotation weiter und befinden sich wieder in der Kampfhaltung. Sie haben mit dieser Technik eine 360°-Drehung durchgeführt.
Bild 5.40 **WICHTIG:** Achten Sie darauf, dass Sie während der gesamten Bewegung das Ziel aus den Augenwinkeln fixieren. Konzentrieren Sie sich darauf, sich so schnell wie möglich um die eigene Achse zu drehen, um dem Gegner so kurz wie möglich den Rücken zuzudrehen.

WICHTIG

Möglicher Fehler bei der Ausführung:
Vernachlässigung der Deckung während der Drehbewegung.
Korrekturmöglichkeit:
Achten Sie darauf, dass sich die Faust des nicht schlagenden Armes während der Drehung auf Kopfhöhe befindet. Nachdem der schlagende Arm sein Ziel erreicht hat, sollte er möglichst geradlinig wieder zum Kopf zurückgezogen werden.

KAPITEL 6
Fußtechniken

Front-Kick

Beim Front-Kick handelt es sich um einen geraden Fußstoß nach vorn. Die Auftrefffläche ist der Fußballen.

6.1

6.2

6.3

Bild 6.1 Sie befinden sich in der Kampfhaltung.
Bild 6.2 Sie reißen das Knie des tretenden Beines hoch, in diesem Fall das hintere Bein. Sie drehen die hintere Schulter nach vorne. Der Standfuß wird um 45° nach außen gedreht.

Bild 6.3 Es erfolgt nun der Fußtritt. Ihre Hüfte ist in Richtung des Trittes nach vorne geschoben, um einen zusätzlichen Schub zu erhalten. Die Schulter ist vollständig in Richtung des Trittes eingedreht, die Fäuste bleiben während der gesamten Technik oben, um eine sichere Deckung zu gewährleisten. Die Zehen des tretenden Fußes sind angezogen, damit man optimal mit dem Fußballen trifft.

6.4

6.5

Bild 6.4 Das tretende Bein wird so schnell wie möglich zurückgezogen, so dass Sie sich wieder in der Kickboxhaltung befinden.

Bild 6.5 WICHTIG: Wenn Sie die Technik in die Luft trainieren, ist unbedingt darauf zu achten, dass Sie das Knie nicht vollständig durchdrücken, da dies nur eine unnötige Abnutzung des Kniegelenks zur Folge hätte.

WICHTIG

Möglicher Fehler bei der Ausführung:
Der Tritt wird nur aus dem Kniegelenk geschnappt und es fehlt der Impuls aus der Hüfte.

Korrekturmöglichkeit:
Trainieren Sie den Tritt gegen einen Widerstand. Versuchen Sie, Ihren Trainingspartner oder Sandsack nach vorne wegzudrücken. Achten Sie dabei darauf, dass Sie Ihre Hüfte nach vorne drücken. Wenn das geklappt hat, versuchen Sie nun gegen den Widerstand dynamisch zu treten, und beobachten Sie, was passiert, wenn Sie den Tritt ohne und mit Hüftschub ausführen.

Side-Kick

Der Side-Kick ist ein geradliniger Fußstoß, die Auftreffflächen sind Fußaußenkante und Ferse.

6.6

6.7

6.8

Bild 6.6 Sie befinden sich in der Kampfhaltung.

Bild 6.7 Sie reißen das vordere Knie so hoch wie möglich, die Ferse ist dabei schon auf das Ziel gerichtet. Während des Hochreißens dreht sich der Standfuß nach hinten. Die Drehbewegung erfolgt über den Fußballen des Standbeins.

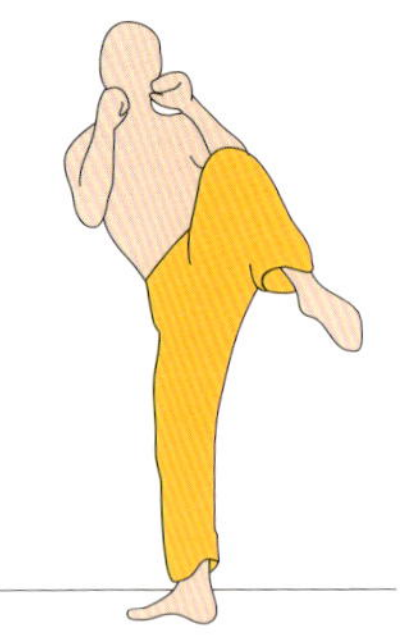

Bild 6.8 Der Tritt erfolgt in einer geraden Linie. Die Fußhaltung des tretenden Beines ist so zu halten, dass Fußaußenkante und Ferse Auftrefffläche sind. Achten Sie darauf, dass Ihre Hüfte in Richtung des Kicks mit eingedreht ist. Eine leichte Hohlkreuzhaltung kann helfen, die Hüfte in die richtige Position zu bringen. Achten Sie darauf, dass während der gesamten Technik die Armdeckung eng am Körper bleibt.

6.9

6.10

Bild 6.9 Nach der Ausführung des Trittes ziehen Sie das Bein so schnell wie möglich wieder zurück. Achten Sie darauf, dass Ihre Deckung während der gesamten Technik oben bleibt. Ihr hinteres Standbein dreht zurück, und Sie begeben sich wieder in die Kampfhaltung.
Bild 6.10 **WICHTIG:** Für die Beschleunigung und zum Zweck der Täuschung ist es wichtig, das Knie so hoch wie möglich zu reißen. Wenn Sie diese Technik in der Luft trainieren, ist unbedingt darauf zu achten, dass Sie das Knie nicht vollständig durchdrücken, da dies nur eine unnötige Abnutzung für das Kniegelenk zur Folge hätte.

► **MENTALE HILFE:** Stellen Sie sich vor, dass sich Ihre Ferse auf einer geradlinigen Schiene befindet.

WICHTIG

Möglicher Fehler bei der Ausführung:
Der Tritt wird nicht geradlinig, sondern in einem Kreisbogen getreten.
Korrekturmöglichkeiten:
Stützen Sie sich an einer Wand ab, ziehen Sie Ihr Knie an, führen Sie den Tritt langsam und geradlinig durch. Wiederholen Sie die Übung mit einem Partner, schieben Sie ihn mit der Fußaußenkante von sich weg.

Low-Kick

Der Low-Kick ist ein kreisförmiger Tritt, der auf den Oberschenkel des Gegners getreten wird. Die optimale Auftrefffläche ist das Schienbein.

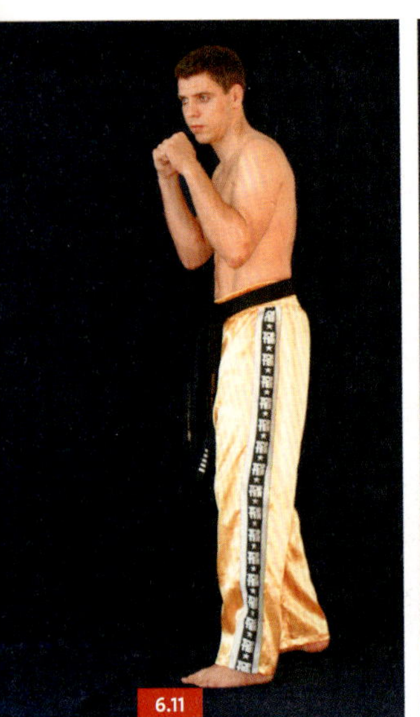
6.11

6.12

6.13

Bild 6.11 Sie befinden sich in der Kampfhaltung.
Bild 6.12 Sie gehen einen kleinen Schritt mit dem vorderen Bein nach vorne, danach wird das Körpergewicht auf das vordere Bein verlagert. Die Hüfte, das hintere Bein und der hintere Arm werden nach vorne gedreht.
Bild 6.13 Ihr hinteres Standbein wird über den Fußballen nach hinten gedreht. Oberschenkel, Hüfte, Körperseite und Schwungarm sollten sich in einer Linie befinden. Der Schwungarm wird geradlinig zum Kopf des Gegners gestreckt. Der andere Arm wird zur seitlichen Deckung verwendet. Achten Sie darauf, dass über die Hüfte der Impuls für die Drehbewegung kommt.

WICHTIG

Möglicher Fehler bei der Ausführung:
Die Hüfte wird falsch eingesetzt, der Fußtritt verliert an Schlagwirkung und wird zu früh abgebrochen.
Korrekturmöglichkeit:
Sie drehen sich einmal um die eigene Achse auf dem Fußballen eines Beines. Das andere Bein ist angewinkelt, wobei die Hüfte so weit wie möglich nach vorn gedrückt wird. Danach versuchen Sie, diese Bewegung mit einem Low-Kick zu wiederholen und konzentrieren sich nur auf Ihre Hüfte, die nach vorn drückt.

6.14

6.15

6.16

Bild 6.14 Der Tritt sollte leicht von oben nach unten getreten werden. Sie nützen die Wucht des Trittes aus, um sich einmal um die eigene Körperachse zu drehen. Die Drehung erfolgt über den Fußballen des Standbeines. Sie müssen sich weiter drehen, da Sie versuchen, durch das Bein des Gegners hindurch zu treten. Achten Sie darauf, dass die Deckung mit den Armen beibehalten wird.

Bild 6.15 Nachdem Sie sich nun einmal mit dem Tritt um sich selbst gedreht haben, begeben Sie sich in die Kampfhaltung zurück.

Bild 6.16 **WICHTIG:** Achten Sie darauf, dass Sie während des Trittes den Blick auf Oberkörper und Brust des Gegners gerichtet haben. Denken Sie daran: Der Low-Kick hat dieselbe Distanz wie die Fausttechnik. Setzen Sie aus diesem Grund den Schwungarm zum Stören gestreckt zum Kopf des Gegners ein.

► **MENTALE HILFE:** Stellen Sie sich vor, Ihr Schienbein ist ein Schwert und Sie wollen damit ein Bambusrohr durchschlagen.

Roundhouse-Kick – durchgedrehte Variante zum Körper oder Kopf des Gegners

Der Roundhouse-Kick ist ein kreisrunder Kick. Die Auftrefffläche ist das Schienbein oder der Spann. Er wird genauso getreten wie der Low-Kick, nur etwas höher.

6.17

6.18

6.19

Bild 6.17 Sie befinden sich in der Kampfhaltung.
Bild 6.18 Das Körpergewicht wird auf das vordere Bein verlagert. Das Knie des tretenden Beines ist angewinkelt. Ihr Oberkörper ist leicht zur Seite geneigt. Der hintere Schwungarm wird geradlinig nach vorn gestreckt, um die Deckung für den Kopf zu sichern.

Bild 6.19 Im Moment des Auftreffens sollte das Bein vollständig gestreckt sein. Die Körperdrehung erfolgt über den Fußballen des Standbeines. Hüfte, Bein, die Seite des Oberkörpers und der Schwungarm sollten sich in einer Linie befinden.

6.20

6.21

6.22

Bild 6.20 Sie nutzen die Wucht des Trittes, um sich einmal um die eigene Körperachse zu drehen. Achten Sie darauf, dass die Drehung so schnell wie möglich erfolgt, um dem Gegner so kurz wie möglich den Rücken zuzudrehen. Drehen Sie dabei den Kopf über die Schulter, um den Gegner aus den Augenwinkeln beobachten zu können.

Bild 6.21 Nachdem Sie sich einmal mit dem Tritt um die eigene Achse gedreht haben, begeben Sie sich wieder in die Kampfhaltung.

Bild 6.22 **WICHTIG:** Achten Sie darauf, dass Sie während des Trittes die Hüfte nach vorn schieben.

WICHTIG

Möglicher Fehler bei der Ausführung:
Sie versuchen, sich auf dem ganzen Fuß zu drehen, was zur Folge hat, dass Sie das Knie des Standbeins verdrehen und der Tritt an Wucht verliert.

Korrekturmöglichkeit:
Konzentrieren Sie sich darauf, sich mit einem Bein mehrfach um die eigene Achse zu drehen, wobei das Standbein durchgedrückt bleibt und beim anderen Bein das Knie angewinkelt wird. Die Drehung erfolgt natürlich auf dem Fußballen.

Roundhouse-Kick – geschnappte Version zum Kopf des Gegners

Der Roundhouse-Kick wird halbkreisförmig getreten. Auftrefffläche ist der Spann.

6.23

6.24

6.25

Bild 6.23 Sie befinden sich in der Kampfhaltung.
Bild 6.24 Sie verlagern das Gewicht auf das hintere Bein. Das vordere Knie wird nach oben gerissen und der Standfuß dreht sich nach hinten. Die Deckung bleibt während der Bewegung oben.
Bild 6.25 Es erfolgt ein halbkreisförmiger Tritt aus dem Kniegelenk heraus. Die Hüfte dreht sich in Richtung des Trittes mit ein. Die Deckung wird aufrecht erhalten.

WICHTIG

Möglicher Fehler bei der Ausführung:
Oft kommt es während der Ausführung dazu, dass man die Arme vom Körper wegstreckt, um das Gleichgewicht nicht zu verlieren. Die Folge ist, dass man die Deckung total vernachlässigt.
Korrekturmöglichkeit:
Ziehen Sie nur das Knie an. Achten Sie darauf, dass während dieser Phase die Deckung aufrecht erhalten bleibt. Danach setzen Sie das Knie ab und wiederholen die Übung, bis Sie ein Gleichgewichtsgefühl dafür haben. Führen Sie den Tritt vollständig durch. Achten Sie jedes Mal auf Ihre Armhaltung.

6.26

6.27

Bild 6.26 Nach der Ausführung des Trittes wird der Tritt zurück geschnappt, und das Bein wird so schnell wie möglich wieder heruntergezogen. Sie befinden sich wieder in der Kickboxhaltung.

Bild 6.27 WICHTIG: Wenn Sie den Tritt in der Luft trainieren, sollten Sie darauf achten, dass das Knie nicht vollständig durchgestreckt wird, um es nicht unnötig zu belasten.

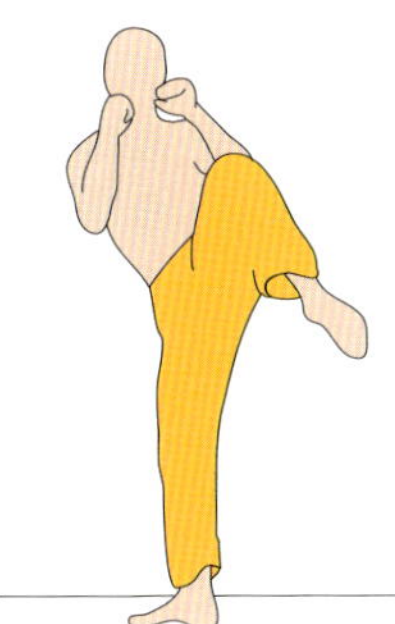

Tornado-Roundhouse-Kick

Bei diesem Tritt handelt es sich um einen 360°-Sprungtritt. Die Auftrefffläche ist das Schienbein oder der Spann.

6.28

6.29

6.30

Bild 6.28 Sie befinden sich in der Kickboxausgangshaltung.
Bild 6.29 Das Körpergewicht wird auf das vordere Bein verlagert und Sie beginnen, sich um das vordere Bein zu drehen.
Bild 6.30 Während der Drehung springen Sie mit dem vorderen Bein ab und reißen das hintere Knie nach vorn.
Bild 6.31 Das nach vorn gerissene Knie wird nach unten gezogen und das Absprungbein wird in kreisförmiger Bewegung nach oben gerissen. Der gesamte Oberkörper dreht sich in der Luft.
Bild 6.32 Mit dem Schwung aus der Drehung heraus erfolgt ein kreisförmiger Tritt mit dem Absprungbein. Die Hüfte ist vollständig in Richtung des Trittes miteingedreht.
Bild 6.33 Die Landung erfolgt mit dem hinteren Bein. Das tretende Bein wird unmittelbar nach dem Tritt nach unten gezogen. Da man sich beim Tritt um die eigene Achse dreht, landet man in einer seitlichen Position. Achten Sie darauf, dass beim Landen Ihre Deckung aufrecht erhalten bleibt.

WICHTIG

Möglicher Fehler bei der Ausführung:
Man kann mit dem Tritt nicht richtig zielen. Der Tritt wird entweder zu früh oder zu spät eingeleitet.
Korrekturmöglichkeit:
Führen Sie den Tritt nicht in der Luft aus, drehen Sie sich mit einem Schritt um die eigene Körperachse und führen dann den Tritt aus. Wenn das geklappt hat, führen Sie diese Bewegung mit einem kleinen Schritt aus.

Bild 6.34 Aus der seitlichen Haltung begeben Sie sich so schnell wieder in die Kickboxausgangshaltung.

Bild 6.35 WICHTIG: Verwenden Sie den Kick nur im Kampf, wenn Sie die Ausführung hundertprozentig beherrschen.

Hook-Kick

Der Hook-Kick ist ein halbkreisförmiger Tritt. Die Auftrefffläche ist die Ferse oder Fußsohle.

6.36

6.37

6.38

6.39

Bild 6.36 Sie befinden sich in der Kampfhaltung.
Bild 6.37 Das Gewicht wird auf das hintere Bein verlagert. Sie reißen das vordere Knie nach oben, dabei dreht sich das Standbein nach hinten. Die Deckung bleibt dabei am Körper.

Bild 6.38 Sie ziehen das Knie ein wenig in Richtung Ihrer hinteren Schulter und beginnen, das Bein ein wenig durchzustrecken. Achten Sie darauf, dass Ihre Arme zur Deckung oben bleiben.
Bild 6.39 Das Bein wird nun in einer peitschenförmigen Bewegung zum Kopf des Gegners getreten. Ihr Standbein zeigt nun ganz nach hinten, der Oberkörper ist zurückgelegt.

Bild 6.40 Nach Ausführung des Trittes ziehen Sie das tretende Bein zurück und setzen es so schnell wie möglich wieder ab, so dass Sie sich in der Kampfhaltung befinden.

Bild 6.41 **WICHTIG:** Wenn Sie den Tritt in der Luft trainieren, achten Sie darauf, dass Sie das Knie nicht vollständig durchdrücken, da es eine unnötige Belastung für Ihr Knie wäre.

► **MENTALE HILFE:** Stellen Sie sich vor, Ihr tretendes Bein sei eine Peitsche.

WICHTIG

Möglicher Fehler bei der Ausführung:
Die kreis- und peitschenförmige Bewegung des Trittes wird falsch ausgeführt.
Korrekturmöglichkeit:
Halten Sie die Hand eines Trainingspartners zur Stabilisation des Gleichgewichts. Führen Sie den Tritt erst in Höhe des Oberschenkels des Partners aus. Achten Sie darauf, dass der Tritt langsam ausgeführt wird, bis die Bewegungsabläufe stimmen. Danach führen Sie den Tritt in Höhe des Körpers vom Partner aus. Wenn dies beherrscht wird, lassen Sie die Hand des Partners los und trainieren die Technik schneller. Danach beginnen Sie den Tritt zum Kopf zu trainieren.

Axe-Kick

Beim Axe-Kick handelt es sich um einen Tritt, der von oben nach unten getreten wird. Die Hauptauftrefffläche ist die Ferse. Es kann aber auch mit der Fußsohle getroffen werden.

6.42

6.43

6.44

Bild 6.42 Sie befinden sich in der Kampfhaltung.
Bild 6.43 Das Körpergewicht wird auf das vordere Bein verlagert. Das hintere Bein wird am vorderen Standbein vorbei nach oben gerissen.

Bild 6.44 Das Standbein ist leicht nach außen gedreht. Der Tritt wird von außen nach oben gerissen. Am höchsten Punkt reißen Sie das Bein geradlinig nach unten.

Bild 6.45 Nachdem Sie das Bein geradlinig heruntergerissen haben, begeben Sie sich in die Kampfhaltung zurück. Die Deckung wird während des Absetzens nicht vernachlässigt.

Bild 6.46 **WICHTIG:** Achten Sie darauf, dass die Deckung während der gesamten Durchführung aufrecht erhalten wird.

WICHTIG

Möglicher Fehler bei der Ausführung:

Der Tritt wird nicht hoch genug gerissen.

Korrekturmöglichkeit:

Beim Axe-Kick wird eine gute Dehnung vorausgesetzt. Dehnen Sie Ihre Beinmuskulatur gründlich. Schwingen Sie das Bein locker nach oben, achten Sie darauf, dass die Bewegung locker und entspannt geschieht. Führen Sie diese Bewegung mehrfach in jedem Training aus. Nach wenigen Wochen werden Sie die gewünschte Höhe erreicht haben.

Back-Kick

Der Back-Kick ist ein geradliniger Tritt nach hinten. Auftrefffläche ist die Ferse.

6.47

6.48

6.49

Bild 6.47 Sie befinden sich in der Kampfhaltung.
Bild 6.48 Die Ferse des vorderen Fußes wird angehoben. Der Kopf wird nach hinten gedreht und das Ziel durch die Augenwinkel anvisiert. Zur gleichen Zeit erfolgt eine Drehung der Hüfte, wobei sich das vordere das und hintere Bein eindrehen.
Bild 6.49 Das Gewicht wird auf das vordere Bein verlagert. Der Tritt erfolgt geradlinig nach hinten. Achten Sie darauf, dass der Tritt eng am Standbein vorbei geführt wird.

WICHTIG

Möglicher Fehler bei der Ausführung:
Der Tritt erfolgt zu spät und wird nicht geradlinig getreten.
Korrekturmöglichkeit:
Stellen Sie sich vor eine Wand. Stützen Sie sich mit den Armen ab. Winkeln Sie ein Bein an und treten es gerade nach hinten. Drehen Sie Ihren Kopf über die Schulter, auf deren Seite der Tritt durchgeführt wird. Danach wiederholen Sie die ganze Technik. Ab dem Zeitpunkt, wenn Sie dem Gegner den Rücken zudrehen, muss der Tritt sauber nach hinten getreten werden.

6.50

6.51

6.52

Bild 6.50 Das Bein wird auf geraden Weg nach hinten durchgetreten. Das Ziel wird weiter über die Schulter anvisiert. Halten Sie die Arme eng am Körper.
Bild 6.51 Nach dem Tritt wird das Bein zurückgezogen und vorn abgesetzt. Der Blick ist weiterhin auf den Gegner gerichtet. Halten Sie Ihre Deckung mit den Armen aufrecht.
Bild 6.52 Sie ziehen das vorn abgesetzte Bein nach hinten und befinden sich wieder in der Kampfhaltung.
Bild 6.53 WICHTIG: Achten Sie darauf, dass die Hüftdrehung so schnell wie möglich erfolgt, damit Sie dem Gegner so kurz wie möglich den Rücken zudrehen.

6.53

► MENTALE HILFE: Stellen Sie sich vor, Sie seien ein Pferd, das nach hinten austritt.

Spinning-Hook-Kick

Beim Spinning-Hook-Kick handelt es sich um einen kreisförmigen Tritt, bei dem Sie sich einmal um die eigene Körperachse drehen. Auftrefffläche sind Ferse oder Fußsohle.

6.54

6.55

6.56

Bild 6.54 Sie befinden sich in der Kampfhaltung.
Bild 6.55 Die Ferse des vorderen Fußes wird angehoben. Der Kopf wird nach hinten gedreht und das Ziel mit den Augenwinkeln anvisiert. Zur gleichen Zeit erfolgt eine Drehung mit der Hüfte, wobei sich das vordere und das hintere Bein eindrehen.
Bild 6.56 Sie verlagern das Gewicht auf das vordere Bein, das andere Bein wird seitlich nach oben angezogen.

WICHTIG

Möglicher Fehler bei der Ausführung:
Das Bein wird zu spät oder zu früh durchgestreckt, was zur Folge hat, dass Sie Ihr Ziel verfehlen.
Korrekturmöglichkeit:
Spalten Sie die Technik in Teilbewegungen auf. Drehen Sie sich mit dem Rücken zum Ziel. Visieren Sie das Ziel aus den Augenwinkeln an. Führen Sie nun den Tritt aus. Danach begeben Sie sich wieder in die Ausgangshaltung und wiederholen die Teilbewegung. Wenn die Teilbewegung korrekt durchgeführt wird, führen Sie den Tritt in seiner gesamten Bewegung aus, erst langsam, dann schnell.

6.57

6.58

6.59

Bild 6.57 Das ausführende Bein wird in einer kreisförmigen Bewegung zum Kopf des Gegners getreten. Beim Auftreffen sollte der Fuß vollständig gestreckt sein. Der Oberkörper wird leicht nach hinten gelegt. Das Ziel wird weiter über die Schulter anvisiert.

Bild 6.58 Nach dem Tritt wird das Bein zurückgezogen und vorn abgesetzt. Der Blick ist weiterhin auf den Gegner gerichtet. Halten Sie Ihre Deckung mit dem Armen aufrecht.

Bild 6.59 Sie ziehen das vorn abgesetzte Bein nach hinten und befinden sich wieder in der Kampfhaltung.

Bild 6.60 **WICHTIG:** Achten Sie darauf, dass die Deckung der Arme unbedingt aufrecht erhalten bleibt, wenn Sie das tretende Bein absetzen. In diesem Moment sind Sie für einen Konter des Gegners besonders gefährdet.

6.60

Fussfeger (Sweep)

Ziel des Fußfegers ist es, das Gleichgewicht des Gegners zu stören. Auftrefffläche ist die Fußinnenkante.

6.61

6.62

6.63

Bild 6.61 Sie befinden sich in der Kampfhaltung.
Bild 6.62 Sie verlagern das Gewicht auf das vordere Bein. Der hintere Arm wird in Richtung Kopf des Gegners gestreckt, gleichzeitig dreht sich die Hüfte in Richtung des Trittes. Das ausführende Bein ist leicht angewinkelt und wird in einer kreisförmigen Bewegung nach vorne gebracht.

Bild 6.63 Das tretende Bein sollte beim Auftreffen durchgestreckt sein. Nach dem Auftreffen ziehen Sie das Bein nach oben. Die nach vorn gebrachte Hand drückt zusätzlich auf den Oberkörper des Gegners.

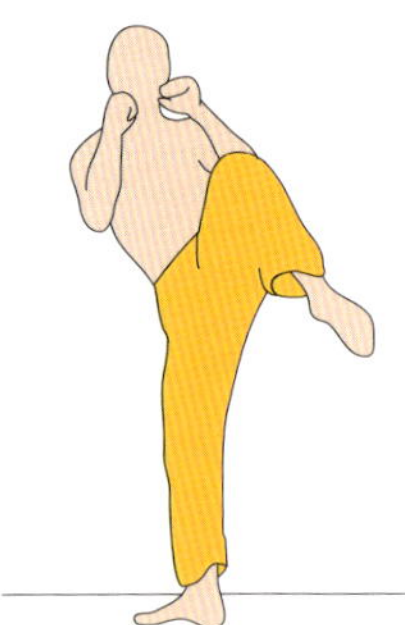

6.64

6.65

Bild 6.64 Nach Ausführung des Fegers ziehen Sie das Bein zurück und begeben sich in die Kampfhaltung.
Bild 6.65 Achten Sie darauf, dass Sie Ihren Schwungarm einsetzen, wenn Sie fegen, um den Gegner aus dem Gleichgewicht zu bringen. Denken Sie daran, dass die Distanz des Fegens die gleiche ist wie die der Faustschläge. Beachten Sie deshalb, dass Sie während der gesamten Aktion eine gute Deckung beibehalten.

► **MENTALE HILFE:** Stellen Sie sich vor, Sie spielen Fußball und treten den Ball mit der Fußinnenseite.

WICHTIG

Möglicher Fehler bei der Ausführung:
Der Tritt wird ohne Einsatz der Hüfte getreten.
Korrekturmöglichkeit:
Achten Sie auf die Fußstellung des Standfußes. Nur wenn das Standbein nach außen zeigt, ist es auch möglich, die Hüfte einzusetzen.

KAPITEL 7
Handpratzen

Handpratzen eignen sich perfekt für die Schulung von Fausttechniken. Bei Fußtritten können sie dafür verwendet werden, die Zielgenauigkeit zu trainieren, da sie eine kleine Trefferfläche bieten.

Dieses Kapitel stellt einfache Methoden dar, um das Kombinieren der verschiedenen Grundtechniken zu erlernen. Die Schläge erfolgen überkreuzt, dabei ist es sehr wichtig, dass die Kombination in einer fließenden und schnellen Bewegung geschlagen wird. Üben Sie die Kombinationen erst langsam. Achten Sie immer auf eine saubere Technik. Wenn Sie die Techniken fließend ausführen, beginnen Sie, das Tempo zu steigern. Versuchen Sie dann, die Techniken schnell und explosiv zu schlagen.

► **TIPPS FÜR DEN TRAINER:** Achten Sie darauf, dass die Deckung des Kämpfers während der Ausführung der Techniken aufrecht erhalten bleibt. Halten Sie die Handpratzen nicht zu locker.

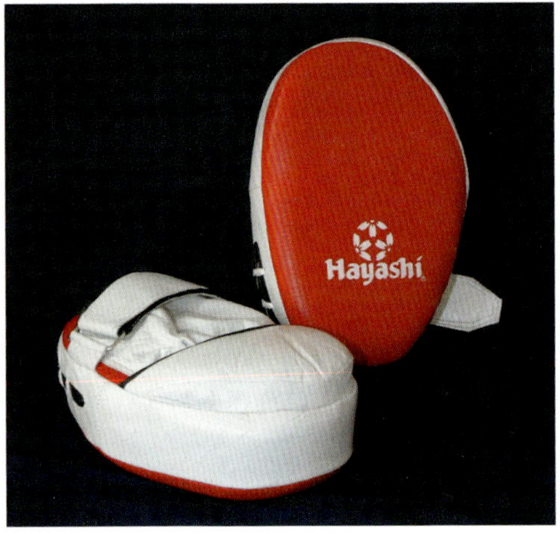

Kombinationen mit den Handpratzen

Kombination 1: Jab – Punch – linker Hook

Bild 7.1 Sie befinden sich in der Kampfhaltung, eine Armlänge von den Handpratzen entfernt.
Bild 7.2 Sie schlagen mit dem vorderen Arm einen Jab.
Bild 7.3 Sie schlagen einen Punch. Drehen Sie die Hüfte in den Schlag.
Bild 7.4 Sie schlagen einen Haken, drehen dabei das vordere Bein und die Hüfte mit ein.

Kombination 2: Jab – Punch – Jab

7.5

7.6

7.7

7.8

Bild 7.5 Sie befinden sich in der Kampfhaltung, eine Armlänge von der Handpratze entfernt.
Bild 7.6 Sie schlagen mit dem vorderen Arm einen Jab.

Bild 7.7 Sie schlagen einen Punch. Drehen Sie die Hüfte dabei in den Schlag.
Bild 7.8 Sie drehen die Hüfte wieder zurück und schlagen einen Jab.

Kombination 3: Jab – Cross – Uppercut

7.9

7.10

7.11

7.12

7.13

Bild 7.9 Sie befinden sich in der Kampfhaltung, eine Armlänge von der Handpratze entfernt.
Bild 7.10 Sie schlagen einen Jab.
Bild 7.11 Sie schlagen einen Cross mit der hinteren Hand und gleiten in Richtung des Trainers. Damit verkürzen Sie die Distanz zu den Pratzen.
Bild 7.12 Das Gewicht ist auf das vordere Bein verlagert. Dabei drehen Sie Ihre rechte Schulter nach vorne. Ihr Trainer dreht die Auftrefffläche der Pratze nach unten.
Bild 7.13 Sie schlagen einen Uppercut. Mit dem Schlag richten Sie Ihren Oberkörper auf.

Kombination 4: Punch – Hook – Uppercut – Uppercut

Bild 7.14 Sie befinden sich in der Kampfhaltung, eine Armlänge von der Handpratze entfernt.

Bild 7.15 Sie schlagen einen ansatzlosen Punch.

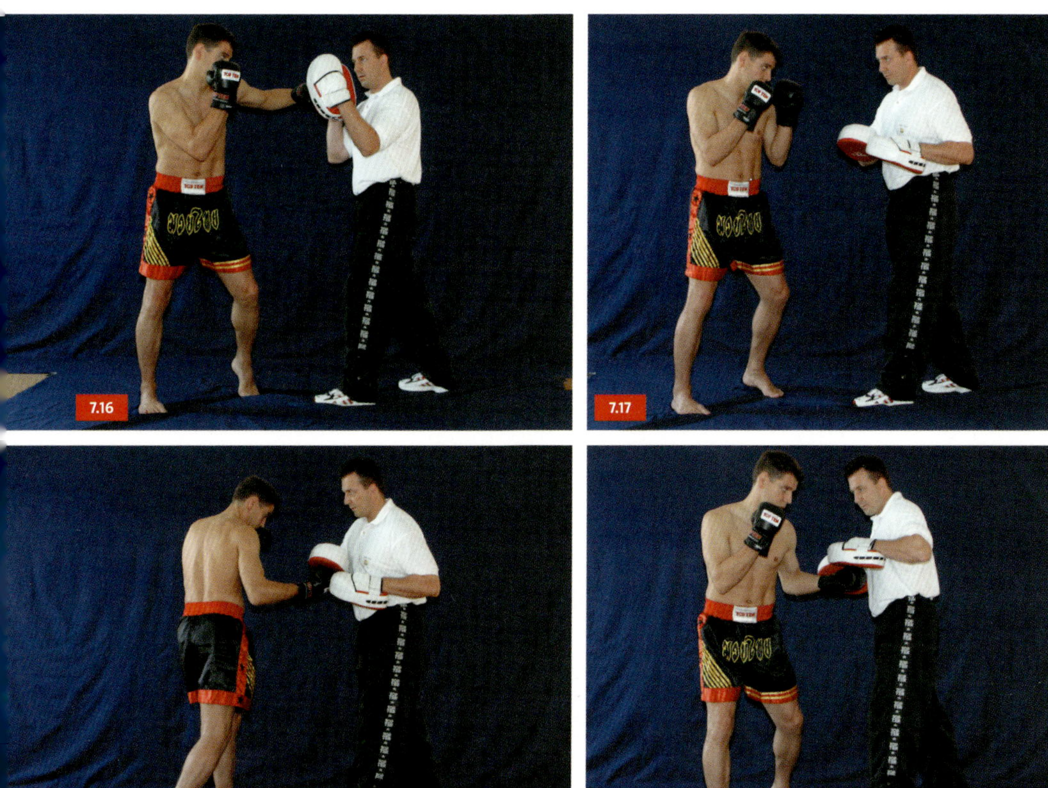

Bild 7.16 Sie schlagen einen Haken.
Bild 7.17 Nach dem Schlag ziehen Sie den Arm zur Deckung zurück. Zur selben Zeit hält Ihr Trainer die Pratze nach unten.

Bild 7.18 Sie schlagen einen Uppercut und drehen dabei die Hüfte stark ein.
Bild 7.19 Sie schlagen einen weiteren Uppercut mit der anderen Hand.

Kombination 5: Jab – Punch – Uppercut – Hook

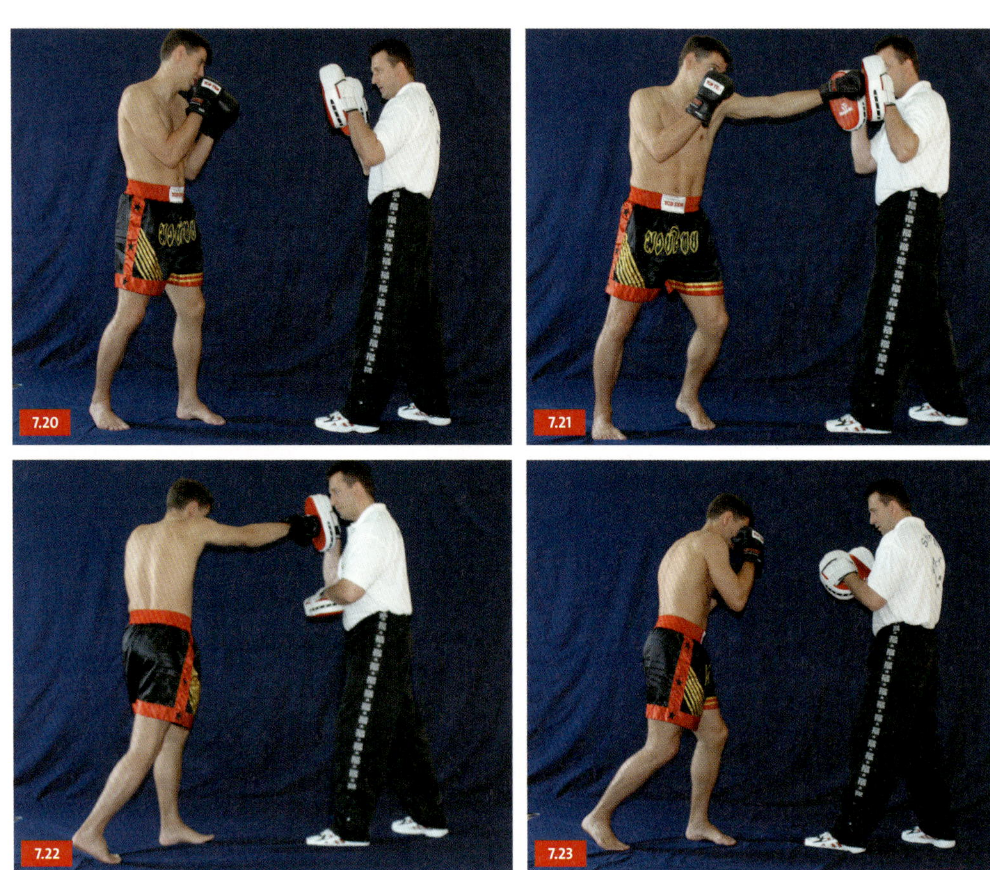

Bild 7.20 Sie befinden sich in der Kampfhaltung, eine Armlänge von der Handpratze entfernt.
Bild 7.21 Sie schlagen einen Jab.
Bild 7.22 Es erfolgt ein langer Punch.
Bild 7.23 Nach dem Schlag ziehen Sie den Arm zur Deckung zurück. Zur selben Zeit hält Ihr Partner die Pratzen nach unten.

Bild 7.24 Sie schlagen einen Uppercut. Drehen Sie Ihre Hüfte und Schulter in den Schlag.
Bild 7.25 Ziehen Sie Ihren Schlagarm zurück und drehen Sie Ihre hintere Schulter nach vorne.
Bild 7.26 Sie schlagen einen harten Haken mit der vorderen Hand.

Kontertraining mit den Handpratzen

Diese Form des Pratzentrainings ist sehr kampfspezifisch. Die in diesem Teil gezeigten Übungen können auch mit dem Partner als Sparringsübungen mit Boxhandschuhen durchgeführt werden.

Angriff: Jab
Konter: Punch

7.27

7.28

Die Schwierigkeiten bei dieser Konterübung liegen in der Ausweichbewegung und der Drehung um das Standbein. Wichtig ist, dass Sie durch den Schritt und die Ausweichbewegung in der Lage sind, den Gegner von der Seite anzugreifen.

Beginnen Sie die Übung erst langsam, Schritt für Schritt. Wenn die Bewegung automatisiert ist, sollten zehn schnelle Angriffe und Konter erfolgen. Legen Sie danach eine kurze Pause ein, bis Sie wieder voll konzentriert sind. Danach wiederholen Sie die Übung.

Bild 7.27 Sie befinden sich in der Kampfhaltung, ca. eine Armlänge von dem Trainer entfernt.

Bild 7.28 Der Trainer schlägt mit der Pratze einen Jab. Sie gehen mit dem vorderen Bein einen kurzen Schritt zur Seite. Der Oberkörper ist leicht nach vorn gebeugt, Ihr Blick zum Kopf des Trainers gerichtet.

Bild 7.29 Sie drehen sich um 45° um das vordere Standbein. Sie befinden sich nun in einer guten Angriffsposition. Der Trainer hält die andere Handpratze nach oben.

Bild 7.30 Es erfolgt ein harter Punch.

Angriff: Jab
Konter: Cross – Uppercut

Der Cross wird als direkter Konter auf den Jab geschlagen. Wichtig hierbei ist, dass der Cross ansatzlos und so schnell wie möglich über den Jab geschlagen wird.

Beginnen Sie die Übung erst langsam. Wenn die Bewegung automatisiert ist, sollten zehn schnelle Angriffe und Konter erfolgen. Legen Sie danach eine kurze Pause ein, bis Sie wieder voll konzentriert sind. Danach wiederholen Sie die Übung.

Bild 7.31 Sie befinden sich ca. eine Armlänge vom Trainer entfernt.
Bild 7.32 Der Trainer schlägt einen Jab Richtung Kopf. Dabei hält der er die andere Pratze an sein Kinn. Sie ducken sich ab, so dass der Jab nur mit geringem Abstand Ihren Kopf verfehlt. Während der Abduckbewegung schlagen Sie einen Cross über den Arm des Trainers.
Bild 7.33 Der Trainer zieht den vorderen Arm nach unten und stellt mit der Pratze die Trefferfläche für den Uppercut bereit. Sie ziehen den schlagenden Arm wieder zurück, bleiben aber in der tiefen Körperhaltung.
Bild 7.34 Aus der tiefen Körperhaltung erfolgt ein Uppercut. Drücken Sie Ihr hinteres Bein durch und drehen Sie die Hüfte in den Schlag.

7.31

7.32

7.33

7.34

Angriff: Jab
Konter: Jab

Bei dieser Übung handelt es sich um einen direkten Konter. Wichtig hierbei ist, dass Sie nach dem Jab aus der Kampfdistanz heraustreten.

Beginnen Sie die Übung erst langsam Schritt für Schritt. Wenn die Bewegung automatisiert ist, sollten zehn schnelle Angriffe und Konter erfolgen. Legen Sie danach eine kurze Pause ein, bis Sie wieder voll konzentriert sind. Danach wiederholen Sie die Übung.

Bild 7.35 Sie befinden sich ca. eine Armlänge vom Trainer entfernt. Eine Handpratze wird vom Trainer in Höhe des Solarplexus gehalten.
Bild 7.36 Der Trainer schlägt einen Jab. Sie ducken sich ab (Feinting down) und schlagen einen Jab zum Körper. Der Oberkörper ist während des Schlages nach vorn gebeugt, das Körpergewicht auf das vordere Bein verlagert.
Bild 7.37 Aus der tiefen Körperhaltung gleiten Sie so schnell wie möglich in eine Distanz zurück, in der Sie der Trainer weder mit einen Tritt noch mit einem Schlag erreichen kann.

7.35

7.36

7.37

Angriff: Jab
Konter: Punch – Jab

Ein gutes Distanzgefühl wird bei dieser Übung vorausgesetzt. Wichtig hierbei ist das blitzschnelle Vorstoßen mit dem Punch.

Beginnen Sie die Übung erst Schritt für Schritt. Wenn die Bewegung automatisiert ist, sollten zehn schnelle Angriffe erfolgen. Legen Sie danach eine kurze Pause ein, bis Sie wieder voll konzentriert sind. Danach wiederholen Sie die Übung.

Bild 7.38 Sie befinden sich ca. eine Armlänge vom Trainer entfernt.

Bild 7.39 Der Trainer schlägt einen Jab. Sie verlagern das Gewicht auf das hintere Bein und winkeln dieses leicht an (Feinting back). Dadurch erhalten Sie die nötige Distanz, so dass der Jab Sie verfehlt. Achten Sie darauf, dass Sie nur soweit nach hinten ausweichen, wie es unbedingt nötig ist.

Bild 7.40 Der Trainer zieht den Jab zurück. In diesem Moment verlagern Sie das Gewicht auf das vordere Bein, gehen einen Step nach vorne und schlagen einen Punch.

Bild 7.41 Sie schlagen einen harten Jab.

7.38

7.39

7.40

7.41

Angriff: Punch
Konter: Uppercut

Sie weichen dem Angriff aus und achten bei dieser Übung darauf, dass Sie sich nicht mit dem Oberkörper nach hinten legen. Wichtig ist, dass Sie unmittelbar nach dem Punch den Konter schlagen.

7.42

7.42

Beginnen Sie die Übung erst Schritt für Schritt. Wenn die Bewegung automatisiert ist, sollten zehn schnelle Angriffe und Konter erfolgen. Legen Sie danach eine Pause ein, bis Sie wieder voll konzentriert sind. Danach wiederholen Sie die Übung.

Bild 7.42 Sie befinden sich ca. eine Armlänge vom Trainer entfernt.

7.44

Bild 7.43 Der Trainer schlägt mit der Pratze einen Punch zum Kopf. Die andere Pratze hält er unter seinem Kinn. Sie weichen dem Schlag aus, indem sie sich nach vorn links abneigen (Bobbing left).
Bild 7.44 Sie schlagen einen Uppercut zum Kinn des Trainers. Achten Sie darauf, dass Sie das hintere Bein während des Schlages durchdrücken.

Angriff: Hook
Konter: Hook

Bei dieser Übung werden Sie einmal von einem rechten, dann von einem linken Haken angegriffen. Diese Übung setzt ein perfektes Auspendeln voraus. Wichtig hierbei ist, dass Sie Ihren Blick während des Pendelns in Richtung des Kopfes Ihres Trainer lassen, um unmittelbar nach der Pendelbewegung einen Konter zu schlagen.

7.45

Beginnen Sie die Übung erst Schritt für Schritt. Wenn die Bewegung automatisiert ist, sollten zehn schnelle Angriffe und Konter erfolgen. Legen Sie danach eine Pause ein, bis Sie wieder voll konzentriert sind. Danach wiederholen Sie die Übung.

7.46

Bild 7.45 Sie befinden sich ca. eine Armlänge vom Trainer entfernt.
Bild 7.46 Der Trainer schlägt einen langen Haken. Sie pendeln in einer U-Bewegung den Schlag aus. Während der Bewegung gehen Sie leicht in die Knie und beugen den Oberkörper nach vorne.
Bild 7.47 Nachdem Sie der Schlag verfehlt hat, richten Sie sich wieder auf und fixieren Ihr Ziel. Der Trainer hält die andere Pratze nahe an seinem Kinn.

7.47

Bild 7.48 Sie schlagen einen harten Haken, indem Sie den Oberkörper mit in den Schlag drehen.

Bild 7.49 Unmittelbar nach Ihrem Konter schlägt der Trainer mit dem anderen Arm einen Haken. Sie pendeln Ihren Schlag nun in die andere Richtung aus.

Bild 7.50 Nachdem Sie dieser Schlag verfehlt hat, richten Sie sich wieder auf und fixieren Ihr Ziel. Der Trainer hält die andere Pratze nahe an seinem Kinn.

Bild 7.51 Sie schlagen einen harten Haken, indem Sie den Oberkörper mit in den Schlag drehen.

Drill und Reaktionstraining mit den Handpratzen

Diese spezielle Form des Trainings soll Ihre optische Reaktionsfähigkeit schulen und Ihre Aufmerksamkeit, Konzentrationsfähigkeit und Schnelligkeit verbessern.
Sie sollten diese Trainingsform nur im ausgeruhten Zustand absolvieren, um einen optimalen Trainingsreiz zu erhalten.

Reaktionstraining
Übung 1: Jab

7.52

7.53

7.54

Bild 7.52 Der Trainer hält beide Pratzen nach unten. Sie befinden sich in der Kampfhaltung und ca. eine Armlänge vom Trainer entfernt.
Bild 7.53 Der Trainer hält eine Pratze nach oben. Dies ist für Sie das optische Signal, sofort zu reagieren. Sie schlagen so schnell wie möglich einen Jab auf die nach oben gehaltene Pratze.
Bild 7.54 Sie ziehen den Jab wieder zurück. Der Trainer variiert die Höhe der Pratze und gibt damit das neue Ziel an. Sie schlagen einen Jab zum Körper.

► Diese Übung lässt sich auch mit einem Punch, Uppercut oder Haken trainieren.

7.55

7.56

7.57

7.58

Bild 7.55 Der Trainer hält beide Pratzen nach unten. Sie befinden sich in der Kampfhaltung und ca. eine Armlänge vom Trainer entfernt.
Bild 7.56 Der Trainer hält eine Pratze nach oben. Dies ist für Sie das optische Signal, sofort zu reagieren und einen Punch zu schlagen.
Bild 7.57 Der Trainer hält nun die Pratze für einen Uppercut nach oben.
Bild 7.58 Der Trainer hält jetzt die Pratze für einen Haken nach oben.

Das System funktioniert auch mit einfachen Dreier-Kombinationen. Bevor Sie jedoch diese Übung mit Dreier-Kombinationen durchführen, sollte das Kombinieren der Techniken kein Problem mehr für Sie darstellen. Wenn Sie die Kombinationen schlagen wollen, sprechen Sie diese vorher mit dem Trainer durch und schlagen Sie sie dann erst zweimal in langsamen Tempo. Nachdem Sie die Schläge langsam geschlagen haben, sollte in der Übung mit größtmöglichem Tempo gearbeitet werden.

Reaktionstraining Übung 2: Jab – Punch – Jab

7.59

7.60

7.61

7.62

Bild 7.59 Der Trainer hält beide Arme nach unten. Sie stehen ca. eine Armlänge vom Trainer entfernt.

Bild 7.60 Der Trainer hält beide Pratzen nach oben. Sie schlagen einen Jab.

Bild 7.61 Sie schlagen einen Punch.

Bild 7.62 Sie schlagen einen Jab.

Reaktionstraining Übung 3: Jab – Uppercut – Haken

7.63

7.64

7.65

7.66

Bild 7.63 Der Trainer hält beide Arme nach unten. Sie stehen ca. eine Armlänge vom Trainer entfernt.
Bild 7.64 Der Trainer hält für die ersten zwei Schläge die Pratzen in der richtigen Position. Die eine Pratze für den Jab, die andere Pratze für den Uppercut. Sie schlagen einen Jab.
Bild 7.65 Sie schlagen einen Uppercut, der Trainer dreht zwischenzeitlich die andere Handpratze in die richtige Position für den Haken.
Bild 7.66 Sie schlagen einen Haken.

Kombiniertes Aufbautraining mit den Handpratzen

In diesem Teil werden alle Trainingselemente getestet: Grundtraining, Kontertraining und Reaktionsbereitschaft. Diese Form des Trainings erfordert einerseits die Beherrschung der Bewegungsabläufe, andererseits müssen Sie und der Trainer schon mehrmals miteinander gearbeitet haben. Da nun alle Trainingselemente, die für den Kampf notwendig sind, geübt werden, ist dieses Training sehr kampfspezifisch. Sie sollten ab jetzt in Rundenzahlen und Zeitintervallen trainieren. Beginnen Sie mit fünf Runden à drei Minuten mit jeweils einer Minute Pause. Der Trainer sollte Sie ständig fordern. Ein neues Element der Trainingsform ist der Aufbau der Techniken.

Bei der Kombination 1 (Jab – Punch – Pendeln – Pendeln – Hook) kann der Aufbau folgendermaßen aussehen:

- Kommando »eins«: Sie schlagen einen Jab.
- Kommando »zwei«: Sie schlagen einen Jab und einen Punch.
- Kommando »drei«: Sie schlagen einen Jab und einen Punch und pendeln aus.
- Kommando »vier«: Sie schlagen einen Jab, einen Punch, pendeln aus und pendeln noch einmal aus.
- Kommando »fünf«: Sie schlagen einen Jab, einen Punch, pendeln aus, pendeln ein weiteres Mal aus und schlagen einen Haken.

Nachfolgend zwei Beispiele für Trainingskombinationen:

Kombination 1: Jab – Punch – Pendeln – Pendeln – Hook

Bild 7.67 Sie stehen ca. eine Armlänge vom Trainer entfernt. Der Trainer hält beide Pratzen nach oben.
Bild 7.68 Sie schlagen einen Jab.
Bild 7.69 Sie schlagen einen Punch.
Bild 7.70 Der Trainer schlägt einen Haken, Sie pendeln diesen aus.
Bild 7.71 Nachdem Sie ausgependelt sind, erfolgt sofort der nächste Hakenangriff vom Trainer. Sie pendeln den Angriff aus.
Bild 7.72 Sie schlagen unmittelbar nach dem Angriff einen Haken als Konter.

7.67 7.68 7.69 7.70 7.71 7.72

Kombination 2: Jab – Punch – Abtauchen – Jab

Bild 7.73 Sie stehen ca. eine Armlänge vom Trainer entfernt. Dieser hält beide Pratzen nach oben.

Bild 7.74 Sie schlagen einen Jab.

7.75

7.76

7.77

Bild 7.75 Sie schlagen einen Punch.
Bild 7.76 Der Trainer schlägt einen Punch. Sie ducken sich ab, so dass der Punch über Ihren Kopf geschlagen wird.
Bild 7.77 Während des Aufrichtens schlagen Sie einen Jab.

► **Dies sind nur zwei Beispiele von verschiedenen Kombinationsmöglichkeiten. Gestalten Sie ein abwechslungsreiches Training und kreieren Sie ständig neue Varianten.**

KAPITEL 8
Kickpads (Schlagpolster)

Kickpads stellen ein optimales Übungsgerät dar, mit dem Sie mit Ihrem Partner optimal Faust- und Fußtechniken trainieren können. Durch die Form und Polsterung haben Sie die Möglichkeit, Ihre Hand- und Tritttechniken mit voller Kraft auszuführen, zudem kann die Koordination von Armen und Beinen bestmöglich geschult werden. Kickpads sollten mit dem Faustrücken nach oben gehalten werden. Die richtige Haltung und Handhabung erfordert von Ihrem Trainer einige Übung.
Sie finden häufig Verwendung im Thaiboxen und im Kickboxen mit Low-Kicks.

Basic Faust- und Fußkombinationen

Bei den Faust- und Fußkombinationen wird das Zusammenspiel von Faustschlägen und Fußtritten trainiert. Bei diesen Basic-Kombinationen wird ein Überkreuzsystem angewandt:
Wenn Sie eine Fausttechnik mit dem linken Arm schlagen, folgt ein Tritt mit dem rechten Bein und entsprechend umgekehrt.

Wenn Sie das Überkreuzsystem aus dem Gesichtspunkt der Beschleunigung betrachten, so wäre eine linke Armtechnik, gefolgt von einem linken Fußtritt, schneller, jedoch nicht härter.Der Grund dafür ist, dass die Hüfte beim Überkreuzsystem ein- und ausgedreht wird. Das hat zur Folge, dass der Tritt mit vollem Hüfteinsatz getreten werden kann. Ganz besonders ist dies beim Roundhouse-Kick der Fall.
Bei den Basic-Kombinationen trainieren Sie das Zusammenspiel von Faust- und Fußtechniken.
Wenn Sie gegen gute Gegner kämpfen, sollten Faust- und Fußtechniken zu einer Waffe werden.

Kombination 1: Jab – Roundhouse-Kick

Bild 8.1 Sie befinden sich in der Kampfhaltung. Der Trainer hält die Kickpads als Ziel nach oben.
Bild 8.2 Sie schlagen einen Jab auf die Kickpads.
Bild 8.3 Nach dem Jab dreht der Trainer beide Kickpads zur Seite, um die Wucht des Trittes abzufangen. Sie treten einen Roundhouse-Kick und drehen dabei die Hüfte in den Tritt mit ein.

8.1

8.2

8.3

Kombination 2: Hook – Roundhouse-Kick

8.4

8.5

8.6

Bild 8.4 Sie befinden sich in der Kampfhaltung. Der Trainer hält ein Kickpad zur Seite gedreht, als Trefferfläche für den Haken.

Bild 8.5 Sie schlagen einen langen Haken. Im Gegensatz zum klassischen Haken aus dem Boxen muss dieser Haken wirklich lang geschlagen werden, da sonst die Distanz für den nachfolgenden Tritt zu kurz wäre.

Bild 8.6 Nach dem Haken dreht der Trainer beide Kickpads zur Seite, um die Wucht des Trittes abzufangen. Sie treten einen Roundhouse-Kick und drehen dabei die Hüfte in den Tritt mit ein.

Kombination 3: Uppercut – Roundhouse-Kick

Bild 8.7 Sie befinden sich in der Kampfhaltung. Der Trainer hält ein Kickpad nach oben, wobei die Trefferfläche nach unten gerichtet ist. So wird das Ziel für den Uppercut zum Kopf dargestellt.
Bild 8.8 Sie schlagen einen langen Uppercut. Dabei drehen Sie die Hüfte in den Schlag mit ein. Im Gegensatz zum normalen Uppercut, der im Infight eingesetzt wird, muss dieser Uppercut lang geschlagen werden, da sonst die Distanz für den nachfolgenden Kick zu kurz wäre.
Bild 8.9 Nach dem Uppercut dreht der Trainer beide Kickpads zur Seite, um die Wucht des Trittes abzufangen. Sie treten einen Roundhouse-Kick und drehen dabei die Hüfte in den Tritt mit ein.

8.7

8.8

8.9

Kombination 4: Jab – Punch – Roundhouse-Kick

Bild 8.10 Sie befinden sich in der Kampfhaltung. Der Trainer hält die Kickpads nach oben.

Bild 8.11 Sie schlagen einen Jab auf die Kickpads.

8.12

8.13

Bild 8.12 Anschließend schlagen Sie einen Punch auf die Kickpads.
Bild 8.13 Nach dem Punch erfolgt ein kleiner Zwischenschritt nach vorn; zum einen, um das Körpergewicht auf das hintere Bein zu verlagern, zum anderen erhalten Sie mehr Wucht in den Tritt. Achten Sie darauf, dass der Schritt kurz ist und Sie die Deckung oben behalten. Der Trainer dreht beide Kickpads als Ziel für den Tritt zur Seite.
Bild 8.14 Sie treten einen Roundhouse-Kick und drehen dabei die Hüfte mit ein.

8.14

Kombination 5: Jab – Punch – Hook – Roundhouse-Kick

Bild 8.15 Sie befinden sich in der Kampfhaltung. Der Trainer hält die Kickpads nach oben.

Bild 8.16 Sie schlagen einen Jab auf die Kickpads.

8.17

8.18

8.19

Bild 8.17 Sie schlagen einen Punch auf die Kickpads.
Bild 8.18 Der Trainer hält einen Kickpad seitlich. Sie schlagen einen langen Haken auf das Kickpad.
Bild 8.19 Nach dem Haken dreht der Trainer die Kickpads zur Seite, um die Wucht des Trittes abzufangen. Sie treten einen Roundhouse-Kick.

► **Trainieren Sie diese fünf Kombinationen bis sie fließend und schnell ablaufen. Wiederholen Sie in jedem Training die ersten drei Kombinationen. Der Roundhouse-Kick kann auch zum Kopf oder als Low-Kick getreten werden. Achten Sie bei diesen Kombinationen auf die saubere und korrekte Ausführung.**

Kombiniertes Aufbautraining mit den Kickpads

Das kombinierte Aufbautraining wurde schon im Handpad-Training erläutert. Bedenken Sie beim Aufbau, dass auf dem ersten Kommando eine Technik wiederholt wird, auf Kommando »zwei« Technik eins und zwei, auf Kommando »drei« Technik eins, zwei und drei usw.
Das Aufbautraining ist für Kämpfer gedacht, bei denen die Techniken bereits automatisiert sind. Es sollte in Runden trainiert werden. Der Trainer sollte den Kämpfer ständig unter Druck setzen. Diese Form des Trainings zielt auf Ihre Kondition und Kraftausdauer.
Es werden nun einige Kombinationen erläutert, die Sie im Training verwenden können. Die Kombinationen 1–5, die vorher erläutert wurden, können Sie natürlich in diesem Training mit verwenden.

Roundhouse-Kick – Punch

8.20

8.21

8.22

Bild 8.20 Sie stehen in der Kampfhaltung. Der Trainer hält beide Pratzen als Ziel oben.
Bild 8.21 Der Trainer gibt das Kommando »eins». Sie treten einen ansatzlosen Roundhouse-Kick.
Bild 8.22 Auf Kommando »zwei« treten Sie nochmals einen Roundhouse-Kick mit dem vorderen Fuß und schlagen mit dem Absetzen einen Punch. Dann beginnt die Serie von vorne.

Front-Kick – Jab – Punch

8.23

8.24

8.25

8.26

Bild 8.23 Sie befinden sich in der Kampfhaltung. Der Trainer hält einen Kickpad als Ziel für den Front-Kick.
Bild 8.24 Auf Kommando »eins« treten Sie mit dem vorderen Fuß einen Front-Kick auf das Kickpad.

Bild 8.25 Auf Kommando »zwei« erfolgt der Front-Kick und mit dem Absetzten ein Jab. Der Trainer nimmt unmittelbar nach dem Front-Kick die Kickpads nach oben als Ziel für den Jab.
Bild 8.26 Auf Kommando »drei« erfolgt ein Front-Kick, ein Jab, und als Abschluss schlagen Sie einen harten Punch auf die Kickpads. Danach beginnt die Serie von vorne.

Axe-Kick – Punch – Uppercut

8.27

8.28

8.29

8.30

Bild 8.27 Sie befinden sich in der Kampfhaltung. Der Trainer hält ein Kickpad als Ziel für den Axe-Kick nach oben.
Bild 8.28 Auf Kommando »eins« treten Sie einen Axe-Kick mit dem vorderen Fuß auf das Kickpad.
Bild 8.29 Auf Kommando »zwei« treten Sie einen Axe-Kick und schlagen mit Absetzen des vorderen Beines einen Punch auf das Kickpad.
Bild 8.30 Auf Kommando »drei« treten Sie einen Axe-Kick, schlagen einen Punch und beenden die Kombination mit einem harten Uppercut zum Körper auf das Kickpad. Der Trainer variiert während der Dreier-Serie die Haltung der Kickpads. Danach beginnt die Serie von vorne.

► **Diese Kombination ist sehr kräftezehrend, da sie mit drei Fußtechniken beginnt.**

Front-Roundkick – Roundkick – Punch

8.31

8.32

8.33

8.34

8.35

Bild 8.31 Sie befinden sich in der Kampfhaltung. Der Trainer hält einen Kickpad als Ziel für den Front-Kick.
Bild 8.32 Auf Kommando »eins« treten Sie einen Front-Kick mit dem vorderen Fuß auf das Kickpad.
Bild 8.33 Auf Kommando »zwei« treten Sie einen Front-Kick und mit dem anderen Fuß einen Roundhouse-Kick auf die Kickpads, die der Trainer in der richtigen Position hält.
Bild 8.34 Auf Kommando »drei« treten Sie einen Front-Kick, einen Roundhouse-Kick und treten nochmals einen Roundhouse-Kick in Kopfhöhe nach. Der Trainer muss die Kickpads bei dieser Kombination sehr schnell in die verschiedenen Richtungen drehen, von wo aus die Tritte erfolgen.

Bild 8.35 Auf Kommando »vier« treten Sie einen Front-Kick, einen Roundhouse-Kick, einen Roundhouse-Kick in Kopfhöhe und schließen die Kombination mit einem Punch auf das Kickpad ab.

Intervalltraining mit den Kickpads

Mit gezieltem Intervalltraining können Sie Ihre Grundschnelligkeit verbessern oder Ihre Kondition und Kraftausdauer steigern. Nachfolgender Teil bezieht sich auf eine Steigerung der Kraftausdauer. Das Schnellkraftintervalltraining wird später gesondert dargestellt.

Wenn Sie ein Kickpadtraining im Rundenrhythmus durchführen, trainieren Sie jeweils drei Minuten und halten eine Minute Pause. Bei dieser Übungsvariante handelt es sich um eine Form des Intervalltrainings. Sie können den Reiz steigern, indem Sie in den Runden sogenannte Zwischenspurts einlegen.

So trainieren Sie z. B. die »Kombination vier« mit Ihrem Trainer. Auf Kommando treten Sie zehnmal einen Front-Kick links, dann rechts, mit größtmöglichem Tempo. Danach trainieren Sie wieder die »Kombination vier« weiter, bis das nächste Kommando erfolgt. Es bietet sich an zum Ende einer Runde mehrere kurze, aber hochintensive Intervalleinheiten durchzuführen, um sich an die Grenze der jeweiligen Kraftausdauer heranzuarbeiten.

Beim Intervalltraining können Sie Einzeltechniken verwenden oder in Kombinationen trainieren. Wenn Sie die Kurzintervalle innerhalb des normalen Rundentrainings anwenden, sollten Sie nicht mehr als 20 Wiederholungen pro Kombination durchführen. Die Kombinationen dürfen zudem nicht zu kompliziert sein.

Intervalltraining mit Einzeltechniken

Front-Kick

8.36

8.37

Bild 8.36 Sie befinden sich in der Kampfhaltung. Der Trainer hält ein Kickpad als Ziel für den Front-Kick.

Bild 8.37 Auf Kommando treten Sie zehn Front-Kicks so schnell wie möglich hintereinander. Danach erfolgt ein Fußwechsel.

Intervalltraining mit Kombinationen

Dieses Training setzt voraus, dass der Trainer im Umgang mit den Kickpads geschult ist. Wenn sein Kommando erfolgt, führen Sie die Dreier-Kombination in größtmöglichem Tempo zehnmal hintereinander durch.

Jab – Punch – Roundhouse-Kick

8.38

8.39

8.40

8.41

Bild 8.38 Sie befinden sich in der Kampfhaltung. Der Trainer hält beide Kickpads nach oben.
Bild 8.39 Sie schlagen einen Jab.
Bild 8.40 Sie schlagen einen Punch.
Bild 8.41 Der Trainer dreht die Kickpads in die Position für den nachfolgenden Roundhouse-Kick.

Front-Kick – Roundhouse-Kick – Roundhouse-Kick

► Diese Kombination ist sehr anstrengend, da drei Tritte aufeinander folgen.

Bild 8.42 Sie befinden sich in der Kampfhaltung. Der Trainer hält ein Kickpad als Ziel für den Front-Kick.
Bild 8.43 Sie treten einen Front-Kick auf das Kickpad.

Bild 8.44 Sie treten einen Roundhouse-Kick in Körperhöhe.
Bild 8.45 Sie treten einen Roundhouse-Kick in Kopfhöhe.

Jab – Punch – Roundhouse-Kick – Punch – Hook – Roundhouse-Kick

8.46

8.47

8.48

Diese Kombination ist sehr anstrengend und eignet sich daher sehr gut, um an die Grenzen der Kraftausdauer zu gelangen. Schlagen Sie diese Kombination am Anfang und am Ende einer Runde und versuchen Sie, sie 20mal so schnell wie möglich hintereinander durchzuführen. Der Trainer sollte während der Kombination rückwärts laufen, so dass Sie gezwungen sind, immer weiter nach vorn zu marschieren. Sollten Sie während der Kombination an Tempo und Kraft stark nachlassen, brechen Sie die Intervalleinheit ab.

Bild 8.46 Sie befinden sich in der Kampfhaltung. Der Trainer hält beide Kickpads nach oben.
Bild 8.47 Sie schlagen einen Jab.
Bild 8.48 Sie schlagen einen Punch.

Bild 8.49 Sie treten einen Roundhouse-Kick.
Bild 8.50 Sie schlagen mit dem Absetzen des Beines einen Punch.

Bild 8.51 Sie schlagen einen Haken.
Bild 8.52 Sie treten einen Roundhouse-Kick.

KAPITEL 9
Schlagkissen und Kickschild

Das Schlagkissen (siehe Bild Seite 107 links unten) hat eine gute Polsterung und große Trefferfläche. Für die Zielgenauigkeit eignet es sich weniger, dafür können Sie aber mit voller Energie zutreten und zuschlagen.
Für das Training mit Low-Kicks eignet sich das Kickschild hervorragend: Sie können es als Trefferfläche einsetzen und haben zudem die Möglichkeit, ein sehr intensives Kraftausdauertraining durchzuführen.
Selbst wenn Ihre Koordination und die exakte Zielgenauigkeit nachlassen, können Sie dank der großen Trefferfläche weiter trainieren und sich an Ihre Belastungsgrenze heranarbeiten. Natürlich brauchen Sie hierfür einen entsprechend geschulten Trainer.

Low-Kick-Training mit dem Kickschild

Low-Kick hinteres Bein

Bild 9.1 Sie befinden sich in der Kampfhaltung. Der Trainer hält das Kickschild vor seinen Oberschenkel und spannt dabei seine Oberschenkelmuskulatur an.

Bild 9.2 Sie treten einen Low-Kick auf das Kickschild. Achten Sie darauf, dass sich Ihre Hüfte in den Tritt mit eindreht und Ihre Deckung aufrecht erhalten bleibt. Der Trainer spannt seine Oberschenkel an, um die Wucht des Trittes besser abzufangen.

9.1

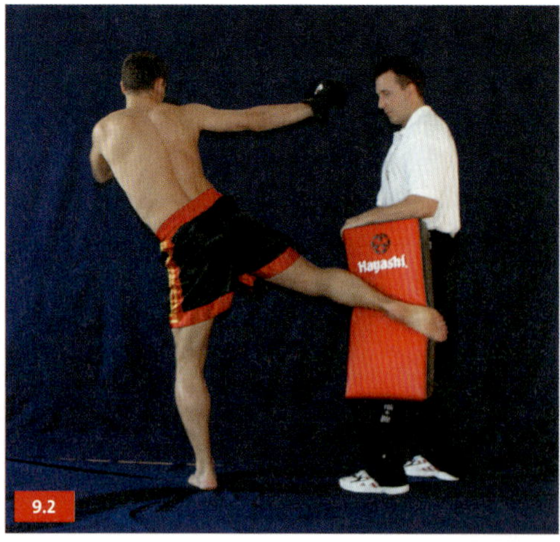

9.2

Low-Kick vorderes Bein

Bild 9.3 Sie befinden sich in der Kampfhaltung und wollen einen Low-Kick mit dem vorderen Bein treten. Der Trainer hält das Kickschild vor seinen Oberschenkel.

Bild 9.4 Sie gehen einen kurzen, aber schnellen Zwischenschritt auf den Trainer zu, um die nötige Wucht für einen effektiven Low-Kick zu erhalten. Halten Sie die Deckung während des Schrittes aufrecht.

Bild 9.5 Sie treten einen Low-Kick auf das Kickschild. Achten Sie darauf, dass sich Ihre Hüfte in den Tritt mit eindreht und Ihre Deckung aufrecht erhalten bleibt. Der Trainer spannt seine Oberschenkel an, um die Wucht des Trittes besser abzufangen.

Folgendes Training ist dafür gedacht, an die eigene Leistungsgrenze zu gelangen. Die angeführten Intervalle sollten zum Ende einer Trainingseinheit durchgeführt werden und dienen dem »Auspowern«. Dadurch sollen in erster Linie Kraftausdauer und kampfspezifische Kondition verbessert werden.

- Nonstop Dauerbelastung von 2 x 3 Minuten mit jeweils einer Minute Pause.
- Der Trainer hält das Kickschild vor seinem Oberkörper und läuft direkt auf Sie zu.
- Sie stehen in der Ringmitte und müssen ihn mit geraden Techniken auf Distanz halten.
- Der Trainer läuft drei Minuten lang konsequent auf Sie zu. Versuchen Sie, sich in dieser Zeit nicht zurückdrängen zu lassen.
- Machen Sie eine Minute Pause und wiederholen Sie die Übung.

Bild 9.6 Sie befinden sich in der Kampfhaltung, der Trainer läuft auf Sie zu.
Bild 9.7 Wenn der Trainer nahe genug ist, treten Sie in mit einem Front-Kick auf Distanz.
Bild 9.8 Wenn der Trainer nahe genug ist, können Sie Ihn auch mit einem Side-Kick auf Distanz halten.
Bild 9.9 Wenn der Trainer nahe genug ist, können Sie Ihn auch mit einem Back-Kick auf Distanz halten.

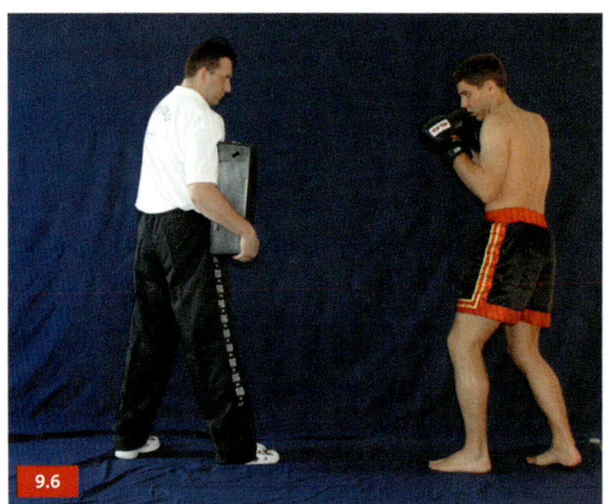
9.6

9.7

9.8

9.9

Low-Kick Intervalltraining

9.10

9.11

Sie führen jeweils 2 x 40 Tritte aus.

Die Serie verläuft wie folgt:

- Sie treten zehnmal hintereinander einen Low-Kick mit aller Kraft und einer Pausenlänge von höchstens einer Sekunde.
- Sofort danach treten Sie mit dem selben Bein zehnmal zwei Low-Kicks (Doppel-Low-Kicks), die unmittelbar hintereinander getreten werden. Die Pause zwischen den beiden Low-Kicks beträgt nicht mehr als eine Sekunde.
- Direkt danach treten Sie mit dem selben Bein zehn Low-Kicks ohne Unterbrechung.
- Anschließend folgt ein Beinwechsel.

Bild 9.10 Sie befinden sich in der Kampfhaltung. Der Trainer hält das Kickschild vor seinem Oberschenkel.
Bild 9.11 Wenn Sie das Kommando vom Trainer erhalten haben, starten Sie mit der kompletten Serie. Es ist eine große Hilfe, wenn der Trainer die Reihenfolge mit der richtigen Pausenlänge durchzählt.

Training mit Kickschild und Handpratzen

Beide Geräte lassen sich kombinieren. Achten Sie darauf, dass das Kickschild tatsächlich nur für Fußtechniken und die Pratzen nur für Handtechniken verwendet werden.

► **Nachfolgend einige Kombinationsmöglichkeiten:**

Low-Kick – Hook

Bei dieser Kombination handelt es sich um eine Angriffskombination. Konzentrieren Sie sich auf den Haken. Der Low-Kick dient dazu, die Aufmerksamkeit des Gegners nach unten zu lenken, um dann mit einem Haken zum Kopf einen Treffer zu erlangen.

Bild 9.12 Sie befinden sich in der Kampfhaltung. Der Trainer hält das Kickschild vor seinen Oberschenkel und hält die Handpratze für die Fausttechnik nach oben.
Bild 9.13 Sie treten mit dem vorderen Bein einen Low-Kick auf das Kickschild.
Bild 9.14 Mit dem Absetzen des Beines schlagen Sie einen Haken auf die Handpratze.

Jab – Back-Kick

Bei dieser Kombination verwenden Sie den Jab als Vorbereitungstechnik für den Back-Kick.

Bild 9.15 Sie befinden sich in der Kampfhaltung. Der Trainer hält das Kickschild vor seinem Oberkörper. Die Handpratze hält er für den Jab nach vorne.
Bild 9.16 Sie schlagen einen Jab.

Bild 9.17 Sie nutzen den Schwung des Jabs und drehen sich um die eigene Körperachse. Versuchen Sie, das Ziel aus den Augen winkeln zu fixieren.
Bild 9.18 Sie treten einen harten Back-Kick aus der Rückwärtsdrehung auf das Kickschild.

Jab – Low-Kick

Bei dieser Kombination bereiten Sie mit dem Jab einen harten Low-Kick vor.

9.19

9.20

Bild 9.19 Sie befinden sich in der Kampfhaltung. Der Trainer hält das Kickschild vor seinen Oberschenkel. Die Handpratze hält er für den Jab nach vorne.

9.21

Bild 9.20 Sie schlagen einen Jab, dabei gehen Sie einen kleinen Step zur Seite, um in die perfekte Ausgangshaltung für einen Low-Kick zu kommen.
Bild 9.21 Sie treten einen harten Low-Kick auf das Kickschild.

Angriff: Punch
Konter: Low-Kick

Hierbei handelt es sich um eine Angriff/Konter-Übung.

9.22

9.23

9.24

Bild 9.22 Sie befinden sich in der Kampfhaltung. Der Trainer hält das Kickschild vor seinen Oberschenkel. Die Handpratze hält er zum Schlag bereit.

Bild 9.23 Der Trainer schlägt einen Punch mit der Handpratze. Sie blocken den Punch mit einer soliden Doppeldeckung.

Bild 9.24 Unmittelbar nach dem Block treten Sie einen Low-Kick als Konter.

KAPITEL 10 Sandsacktraining

Der Sandsack ist ein optimales Trainingsgerät für den Kampfsportler, alleine oder mit einem Partner. Sie sollten Ihr Training flexibel gestalten, wobei der Aufbau immer davon abhängig ist, ob Sie Kondition, Kraftausdauer, Schnelligkeit, Koordination von Faust- und Fußtechniken trainieren oder eine Technikschulung durchführen. Als mentale Unterstützung versuchen Sie, den Sandsack als Gegner zu sehen, den es zu besiegen gilt. Der nächste wichtige Punkt ist das richtige Gewicht des Sandsackes. Persönlich neige ich dazu, schwere Sandsäcke für mein Training zu verwenden, da diese nicht so stark pendeln. Jedoch hängt das Gewicht des Sandsackes vom Körpergewicht des Kämpfers ab und sollte daher individuell sein.

Technikschulung und Wiederholung der Grundtechniken am Sandsack

- Achten Sie auf korrekte Technik und Deckung.
- Seien Sie locker und entspannt, vermeiden Sie unnötige Anspannungen.
- Führen Sie die Technik erst einmal vor Ihrem geistigen Auge aus.
- Führen Sie nun die Technik zweimal langsam aus.
- Konzentrieren Sie sich und schlagen oder treten Sie die Technik dann mit größtmöglicher Geschwindigkeit gegen den Sandsack.

Nachdem Sie die Technik durchgeführt haben, machen Sie eine kurze Pause und wiederholen den Ablauf.
Führen Sie diese Übung zehnmal hintereinander durch.
Sie können entweder alle Grundtechniken wiederholen oder sich nur spezielle davon heraussuchen.

Bild 10.1 Sie befinden sich in der Kampfhaltung und konzentrieren sich auf die Technik.
Bild 10.2 Sie schlagen einen Jab mit größtmöglichem Tempo.
Bild 10.3 Sie schlagen einen Haken.
Bild 10.4 Sie treten einen Roundhouse-Kick.
Bild 10.5 Sie treten einen Side-Kick.
Bild 10.6 Danach: Sie treten einen gesprungenen Back-Kick.

Kombinationen aus der Bewegung am Sandsack

Bei dieser Übung am Sandsack schulen Sie das Kombinieren der Techniken:

- Bewegen Sie sich vor dem Sandsack, schlagen Sie die Kombination explosiv.
- Bewegen Sie sich dann fünf Sekunden vor dem Sandsack und starten anschließend wieder die Kombination.
- Führen Sie diese Kombination zehnmal hintereinander aus.
- Bei guter Kondition können Sie die Pausen verkürzen und die Übungen eine volle Runde von je drei Minuten durchführen.
- Stellen Sie sich immer vor, der Sandsack sei Ihr Gegner.

Jab – Hook – Jab

Bei dieser Übung umkreisen Sie den Sandsack.

Bild 10.7 Sie befinden sich in der Kampfhaltung und sind ca. eine Armlänge vom Sandsack entfernt.

Bild 10.8 Sie schlagen einen Jab.

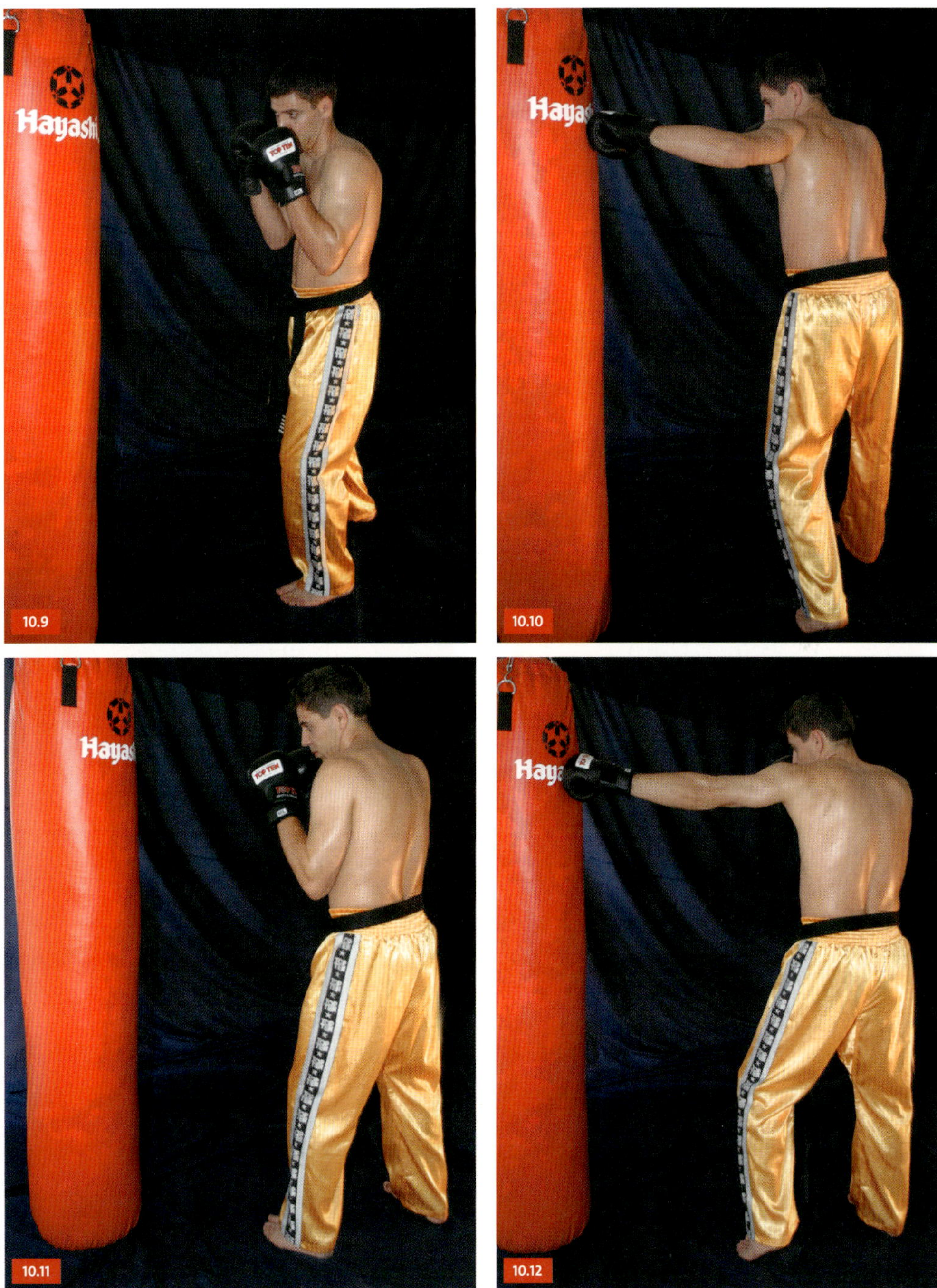

Bild 10.9 Sie gehen einen Sidestep um den Sandsack und halten eine gute Deckung.
Bild 10.10 Sie schlagen einen Haken mit dem selben Arm.

Bild 10.11 Sie gehen einen weiteren Sidestep um den Sandsack und halten eine gute Deckung.
Bild 10.12 Sie schlagen einen Jab mit dem selben Arm.

Jab – Punch – Hook

10.13

10.14

10.15

10.16

Bild 10.13 Sie befinden sich in der Kickboxausgangsstellung und sind eine Armlänge vom Sandsack entfernt. Sie pendeln locker mit dem Oberkörper.
Bild 10.14 Sie schlagen explosiv einen Jab.

Bild 10.15 Sie schlagen sofort danach einen Punch.
Bild 10.16 Sie schließen die Kombination mit einem harten Haken ab.

Roundhouse-Kick – Punch – Uppercut

Bild 10.17 Sie stehen in der Kampfhaltung etwas aufrechter als sonst und verlagern das Gewicht ein wenig mehr auf das hintere Bein.
Bild 10.18 Sie treten einen ansatzlosen Roundhouse-Kick mit dem vorderen Bein. Dies ist eine ausgezeichnete Technik, um einen angreifenden Gegner abzukontern, der in die Reichweite des Trittes eindringt.
Bild 10.19 Mit dem Absetzen des vorderen Fußes schlagen Sie einen harten Punch.
Bild 10.20 Nach dem Punch pendeln Sie mit dem Oberkörper ein wenig nach vorn.
Bild 10.21 Sie schließen die Kombination mit einem Uppercut zum Sandsack ab.

Hook – Uppercut – Uppercut – Backfist – Back-Kick

10.22

10.23

Bei dieser Kombination trainieren Sie das Rein- und Rausgehen in den Gegner

Bild 10.22 Sie befinden sich in der Kampfhaltung, eine Armlänge vom Sandsack entfernt.
Bild 10.23 Sie schlagen einen Haken mit der vorderen Hand.
Bild 10.24 Sie schlagen einen Uppercut.
Bild 10.25 Sie schlagen mit dem anderen Arm einen Uppercut.
Bild 10.26 Sie gehen unmittelbar nach dem Uppercut einen Step rückwärts.
Bild 10.27 Sie schlagen eine Backfist und leiten dabei die Drehung für den Back-Kick ein.
Bild 10.28 Sie treten einen Back-Kick.

10.24

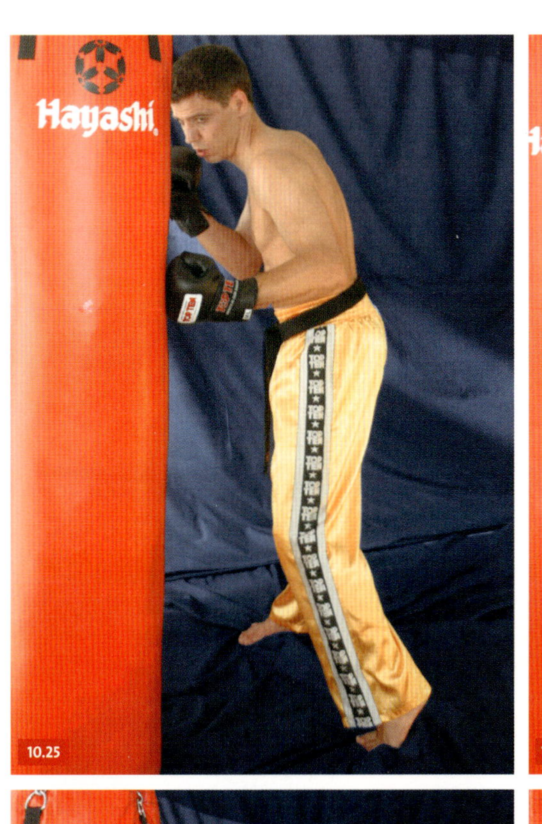

10.25

10.26

10.27

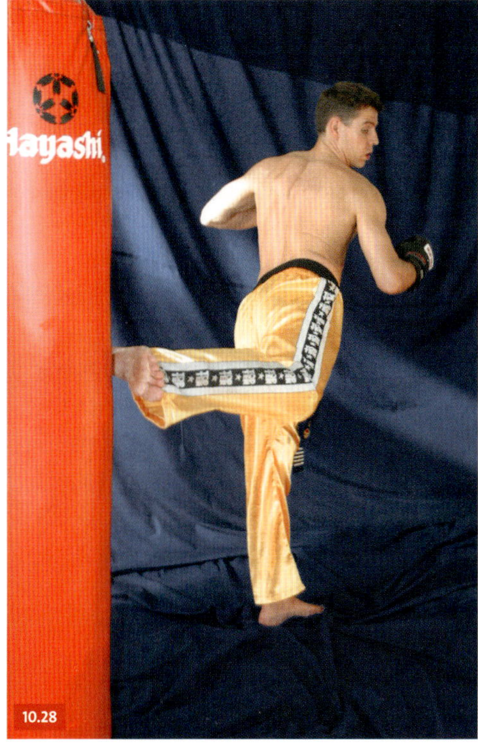
10.28

Kraftausdauertraining am Sandsack

Hierbei handelt es sich um ein Intervalltraining am Sandsack, welches Sie zum Ende einer Trainingseinheit durchführen sollten, um an die eigene Leistungsgrenze zu gelangen.

- Sie schlagen zehn Sekunden lang so viele gerade Fausttechniken wie möglich. Bei jeder Fausttechnik ziehen Sie die Knie leicht an.
- Danach erfolgt eine Pause von zehn Sekunden.
- Starten Sie anschließend die Serie von neuem.

► **Sie sollten davon zwischen 10 und 15 Intervallen durchführen.**

Bild 10.29 Auf das Kommando schlagen Sie zehn Sekunden lang nur gerade Techniken. Der Trainer hält den Sandsack, damit dieser nicht zu sehr schwingt (bei einem schweren Sandsack ist diese Unterstützung nicht nötig).

Bild 10.30 Auf das Kommando können Sie auch nur Uppercuts oder Haken schlagen.

► **WICHTIG:** Versuchen Sie hierbei in den »Zehn-Sekunden-Einheiten« so hart und so schnell wie möglich zu schlagen.

10.31

10.32

10.33

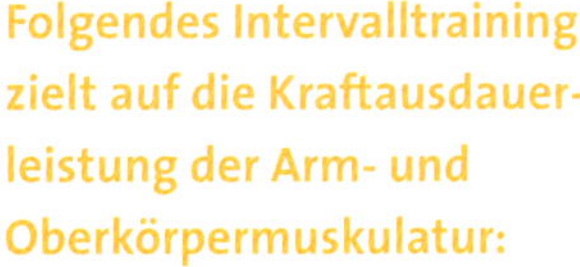
Folgendes Intervalltraining zielt auf die Kraftausdauerleistung der Arm- und Oberkörpermuskulatur:

Kombinieren Sie diese beiden Übungen miteinander. Für die Kraftausdauerleistung der Beinmuskulatur können Sie das gleiche Intervallprinzip anwenden.

10.34

10.35

- Treten Sie 10 Sekunden lang auf den Sandsack.
- Anschließend folgen zehn Sekunden Pause und der Zyklus beginnt von neuem.

Sie können die Übung erschweren, indem Sie nach jedem Tritt in die Kniebeuge gehen.

Bild 10.31 Sie stehen mit beiden Beinen parallel vor dem Sandsack. Sie halten die Deckung aufrecht und warten auf das Kommando. Ihr Trainer hält den Sandsack.
Bild 10.32 Auf Kommando gehen Sie in die Kniebeuge. Achten Sie darauf, dass Ihre Fersen auf dem Boden bleiben und dass die Abwärtsbewegung nicht zu schnell erfolgt.
Bild 10.33 Richten Sie sich explosionsartig aus der Kniebeuge auf und treten Sie einen Front-Kick. Halten Sie während der gesamten Bewegung die Deckung aufrecht.
Bild 10.34 Nach dem Front-Kick begeben Sie sich wieder in die Kniebeuge. Achten Sie darauf, dass Ihre Fersen auf dem Boden bleiben, und dass die Abwärtsbewegung nicht zu schnell erfolgt.
Bild 10.35 Richten Sie sich explosionsartig auf und treten Sie nun mit dem anderen Bein einen Front-Kick. Wiederholen Sie den gesamten Bewegungsablauf in den zehn Sekunden so oft wie möglich.

KAPITEL 11
Schnellkrafttraining

Schnelligkeit ist eine Fähigkeit, die im Kampfsport von großer Bedeutung ist. Über dieses Thema gibt es zahlreiche Theorien.

Spezielles Schnellkrafttraining

Dieser Bereich des Buches setzt sich mit dem Training der Schnelligkeit auseinander. Über Trainingsmethoden zur Verbesserung der Bewegungsschnelligkeit gibt es viele Theorien. Ich beziehe mich auf Methoden, die sich in verschiedenen Sportarten bewährt haben und wissenschaftlich fundiert sind.
Eines der größten Vorurteile ist, dass das Training mit Gewichten langsam macht. **Durch gezieltes Krafttraining erhalten Sie eine größere und stärkere Muskulatur.** Diese neue Muskulatur muss nun für die geplante Belastung trainiert werden. Stellen Sie sich vor, Sie tauschen den Motor Ihres Wagens mit einem Motor, der 200 PS mehr hat, aus. Der Wagen hat zwar jetzt eine höhere Beschleunigung, Sie benötigen aber auch Zeit, um mit dem nun schnelleren Wagen umzugehen. Ähnlich verhält es sich auch mit Ihrem Körper, wenn Sie **Krafttraining** betreiben, dabei aber Ihr **Techniktraining** vernachlässigen. So lässt automatisch die Effektivität und Genauigkeit Ihrer Technik nach, obwohl Sie durch Ihre größere Muskulatur die besten Voraussetzungen für eine bessere Technik hätten. Des weiteren ist eine größere Körperkraft im Kampf nie vom Nachteil.

WICHTIG

Zwei Faktoren müssen beim Schnellkrafttraining bedacht werden: Der bewusst gewollte Impuls der Nerven, der vom Gehirn über das Rückenmark in die Muskulatur übertragen wird und die Fähigkeit der Muskulatur, möglichst schnell viele Muskelfasern zu kontrahieren. Beide Methoden benötigen zwei verschiedene Arten des Trainings: **ein spezielles Training mit Gewichten und eines ohne.**

Für eine schnelle und explosive Bewegung ist es notwendig, möglichst viele Muskelfasern so schnell wie möglich zu aktivieren. Diese Fähigkeit lässt sich durch ein spezielles Training mit Gewichten verbessern. Die meisten Muskelfasern steuern Sie über ein **Maximalkrafttraining** an. Sie führen vier bis fünf Serien mit drei Wiederholungen durch.

Jede Wiederholung sollte so schnell und explosiv wie möglich ausgeführt werden. Zwischen den Serien sollten Sie eine Pause von drei bis fünf Minuten einhalten, um einen optimalen Trainingseffekt zu erzielen. Das Gewicht sollte zwischen 90–100 % Ihrer Maximalkraft betragen.

BEISPIEL

Sie schaffen 100 kg im Bankdrücken einmal und wollen die Kontraktionsfähigkeit Ihrer Brustmuskulatur verbessern. Sie führen vier Serien mit 90 kg von jeweils drei Wiederholungen durch, mit ca. drei Minuten Pause zwischen den Serien.

Bevor Sie aber gleich mit einem **speziellen Schnellkrafttraining** beginnen, schlage ich Ihnen zuerst ein **Aufbautraining** von zwölf Wochen vor. Bei diesem Aufbautraining trainieren Sie den ganzen Körper. Dies ist von großer Bedeutung, da dadurch eine Disbalance der Muskulatur vermieden wird. Danach erfolgt ein **explosives Krafttraining** von acht Wochen. In der folgenden Wettkampfphase sollten Sie nur noch versuchen, Ihre Leistungen zu halten oder zu stabilisieren.

Beispiele für ein Schnellkrafttraining

Trainingsplan Aufbau, Vorwettkampfphase und Wettkampfphase

Bankdrücken:

- Drei Serien, je eine bis drei Wiederholungen, Gewicht 90–100 % der Maximalkraft.
- Die Bewegungen sollten explosiv ausgeführt werden.
- Pause pro Serie drei bis fünf Minuten.

Für die Tritttechniken:

- Kniebeugen drei Serien, je eine bis drei Wiederholungen, Gewicht 90–100 % der Maximalkraft.
- Die Bewegung sollte explosiv ausgeführt werden, jedoch nur die Aufwärtsbewegung.
- Pausenlänge drei bis fünf Minuten.

WICHTIG

Beim sportartspezifischen Schnellkrafttraining ohne Gewichte sollten Sie darauf achten, die zu trainierende Technik exakt zu schlagen. Wenn Sie ein Schnellkrafttraining absolvieren, sollten Sie es nur im ausgeruhtem Zustand durchführen, um einen optimalen Trainingsreiz zu erlangen.

Das nun aufgeführte Training hat die Aufgabe, exakte Technik mit höchstmöglichem Tempo einzuschleifen. Einige Punkte, die nun bedacht werden sollten: Um schnell zu sein, müssen Sie locker sein. Wiederholen Sie die Bewegung vor Ihrem geistigen Auge. Führen Sie eine einfache Technik sieben Sekunden lang so schnell wie möglich hintereinander aus. Danach machen Sie eine Pause von ca. zwei Minuten. Wiederholen Sie dann die Technik, pro Technik sollten Sie sechs Serien durchführen. Diese Form des Trainings hat die Aufgabe, Ihre Schnelligkeit zu steigern. Deshalb sind die Pausen wichtig, um einen optimalen Trainingsreiz zu erzielen.
Wenn Sie komplizierte Techniken oder Kombinationen trainieren, sollten Sie nach jeder Technik oder Kombination eine Pause von zehn Sekunden machen und diese anschließend schnellstmöglich – insgesamt zehnmal – wiederholen. Machen Sie danach eine Minute Pause, um dann eine andere Technik zu trainieren.

Sie sollten Techniktraining mit Zusatzgewichten um die Schnelligkeit zu steigern nicht durchführen, da die Möglichkeit besteht, eine unsaubere Technik einzuschleifen. Wenn Sie beispielsweise Fausttechniken mit drei Kilo Zusatzgewichten trainieren, spannen Sie automatisch Ihre Schultermuskulatur an. Wenn Sie nun die Technik ohne Zusatzgewicht schlagen, spannen Sie die Schultermuskulatur an, da dies in Ihrem Bewegungsablauf eingespeichert ist. Die Folge ist, dass Sie zu hoch schlagen. Der einzige plausible Grund mit Kurzhanteln Schattenboxen auszuführen ist, wenn Sie Kraftausdauer trainieren wollen. Für die Steigerung der Bewegungsschnelligkeit eignet sich das Trainieren mit Zusatzgewichten nicht.

Sie trainieren einen Jab:

- Sie schlagen einen Jab so oft wie möglich in sieben Sekunden
- Das ganze erfolgt sechsmal mit einer Pausenlänge von zwei Minuten

KAPITEL 12
12 Runden WM-Vorbereitung

Wie bereitet man sich optimal auf einen WM-Kampf über 12 Runden vor? Diese Frage stellen sich wohl viele Kickboxer oder Profiboxer. Ein Marathonläufer oder einen 100-Meter-Sprinter zu trainieren ist relativ einfach. Beim Marathonläufer kommt es auf die Ausdauer an, beim 100-Meter-Sprinter auf die Schnelligkeit.
Bei einem Kickboxer gibt es viel mehr Kriterien, die geschult werden müssen. Als Kickboxer benötigen Sie Schnelligkeit, Kraft, Ausdauer und Flexibilität. Diese Eigenschaften nützen Ihnen aber auch nur, wenn Sie über ein gutes Distanzgefühl, exakte Techniken, Koordination der Bewegungen, eine ausgereifte Taktik und über die nötige Härte und den Willen zum Sieg verfügen. Aus dieser Aufzählung wird ersichtlich, dass mehrere Kriterien berücksichtigt werden müssen, um die optimale Leistung bringen zu können, die für einen Kickboxkampf erforderlich ist.

Die Planung des Trainings sollte wie folgt ablaufen:

Sie sollten sich genügend Zeit nehmen eine vernünftige Planung Ihres Trainings vorzunehmen. Führen Sie diese Planung schriftlich durch, so haben Sie auch immer die Kontrolle über Ihre momentane Leistung. Hierbei sollten Sie folgendes beachten:

- Wie viel Zeit steht Ihnen am Tag zur Verfügung (vier Stunden sollten es mindestens sein)?
- Wer trainiert Sie? Sind diese Personen dafür geeignet?
- Wer sind die Trainingspartner, sind diese auch geeignet und zuverlässige Sparringspartner?
- Lässt Ihr Beruf eine WM-Vorbereitung überhaupt zu?
- Realistische Selbstkritik, wo liegen Schwächen und Stärken?
- Realistische Gegnerkritik, wo liegen Schwächen und Stärken?
- Sind ausreichende Erholungsphasen möglich?

Erst wenn diese Punkte geklärt sind, kann ein individueller Trainingsplan erstellt werden. Der hier aufgezeigte Plan ist optimal auf mich zugeschnitten. Er beinhaltet folgende Themen:

1. Aufbau meines Ausdauertrainings (Lauftraining, Pratzentraining, Spinning, Sparring)
2. Aufbau meines Krafttrainings (Explosivkrafttraining)

3. Aufbau meines Techniktrainings (Schattenboxen, Partnertraining)
4. Erholung
5. Ernährung
6. Betreuer und Trainingspartner (Betreuung vor dem Wettkampf)

1. Aufbau meines Ausdauertrainings

Für einen 12-Runden-Kampf braucht man viel Ausdauer. Die Art der Ausdauer unterscheidet sich von der eines Langstreckenläufers, der ein kontinuierliches und zügiges Tempo zu halten hat. Für das Kickboxen benötigt man vielmehr eine Schnellkraftausdauer. Man muss pro Runde in der Lage sein, schnell und explosiv zu kämpfen, um sich dann in der einminütigen Pause zu erholen. Auf dieser Grundlage basierend sollte das Training in erster Linie auf einem Intervalltraining aufgebaut werden. Durch ein solches Training passt sich der Organismus auf die Anforderung folgendermaßen an:

- Vergrößerung des Herzmuskels (Sportlerherz), was zu einem besseren Nähr- und Sauerstofftransport über das Blut führt.
- Bessere Sauerstoffaufnahme über die Lunge.
- Kapillarisierung der Muskulatur: Der Muskel wird so besser mit Nährstoffen versorgt, und der Abtransport der verbrauchten Substanzen wird beschleunigt.

Unter diesen Kriterien ist zu beobachten, dass sich die Erholungsphase bei Ausdauersportlern deutlich verkürzt. Des weiteren ist die Konzentrationsfähigkeit erhöht. In der Praxis sieht das folgendermaßen aus: Sie haben eine harte Runde hinter sich. In dieser Runde kämpften Sie taktisch gut, da Sie hoch konzentriert Ihre Techniken gezielt, exakt und sauber ausgeführt hatten. In der Pause von einer Minute erholen Sie sich wieder nahezu vollständig und können nun wieder »frisch« in die nächste Runde gehen.

Nun zur Praxis des Ausdauertrainings. Denken Sie daran, Sie wollen einen Kickboxkampf gewinnen, kein Langstreckenlauf. Mein Ausdauertraining gestaltete sich in folgender Form:

- Lauftraining
- Pratzentraining
- Spinning
- Sparring

Lauftraining

Bei meinem Lauftraining lief ich meistens 3,6 km, jedoch nie mehr als 7,6 km, diese aber in einem zügigen Tempo.
Im Anschluss führte ich eine Trainingseinheit durch: 5x100-Meter-Sprints, wobei ich jeden Sprint mit voller Leistung rannte und dann die zurückgelegte Strecke langsam zurücklief. Als Variante dazu absolvierte ich einen 800-Meter-

Lauf in schnellstmöglichem Tempo, oder ein Pratzentraining, bei dem ich dreimal 50 Kombinationen so schnell wie möglich ausführte. Ich begann mit der Kombination Jap-Punch, dann Jap-Punch-Haken, zum Abschluss je 25 Roundhouse-Kicks links und rechts. Eines der größten Probleme beim Lauftraining war, dass es morgens entweder schneite, regnete oder der Boden einfach gefroren war. Meine Trainingspartner, mit denen ich mich um 9:00 Uhr morgens traf, motivierten mich trotz der schlechten Bedingungen, den Lauf durchzuführen.

Pratzentraining

Pratzentraining halte ich für eine der effektivsten Trainingseinheiten überhaupt. Aus diesem Grund habe ich es auch in meinen Trainingsplan eingebaut.
Das Pratzentraining hängt natürlich vom Trainer ab. Für ein gutes Pratzentraining brauchen Sie einen guten Trainer, der sich mit den verschiedenen Pratzen auskennt und sie handhaben kann. Patrick Conar (der Bruder von Roland Conar, dreifacher Weltmeister im Pointfighting), ein langjähriger Freund, trainierte mich jeden Mittwoch um 9:00 Uhr für eine Stunde. Das Pratzentraining ging meist über 10 Runden von 2 Minuten mit 45 Sekunden Pause. Jede Technik oder Kombination versuchte ich mit maximalem Tempo zu schlagen. Während der Runde bewegte ich mich ständig, um ein bewegliches Ziel zu sein. Jeden Donnerstag trainierte ich im Bulldog-Gym unter Trainer Jürgen Lutz. Nach meinen Sparringskämpfen machte ich meist noch 3 Runden Pratze (3-Minuten-Runden und eine Minute Pause), um mich zum Abschluss nochmals total zu verausgaben.

Spinning

Beim Spinning handelt es sich um ein Ausdauertraining auf einem Fahrradergometer. Jeden Mittwoch nach meinem Pratzentraining hängte ich

noch eine Stunde Spinning hinten an. Beim Spinning achtete ich darauf, dass meine Herzfrequenz zwischen 140 und 160 Schlägen lag.

Sparring

Ohne Sparring brauchen Sie erst gar nicht zu kämpfen. Beim Sparring ist es wichtig, dass Sie gute Partner haben, die auch Ihren Gegner imitieren können. Für einen WM-Kampf ist es essentiell hartes Sparring durchzuführen. Zum Körper sollte immer mit vollem Kontakt gekämpft werden, damit Sie lernen mit einem harten Körpertreffer umzugehen. Achten Sie darauf, dass Sie verschiedene Sparringspartner haben. Mein langjähriger Trainingspartner Frank Scheuermann versuchte mich des öfteren im Training KO zu schlagen, ich versuchte dies natürlich auch bei ihm. Diese Art des Sparrings ist bestimmt nicht die gesündeste, aber sie ist sehr effektiv und bereitet Sie auf einen Kampf im Ring vor.

Zwei Wochen vor meinem Kampf ging ich in die Kampfsportschule Steko; dort absolvierte ich 8 Runden Sparring und erhielt jede Runde einen neuen Partner. Dies war für mich mein Test, ob ich für den Kampf genügend Kondition hatte.
Ein großer Vorteil, den mir das intensive Wochenende in München brachte war, dass ich mit Mladen Steko, dem Weltmeister im Fullcontact bis 83 kg, und seinem Bruder Pavlica Steko, Weltmeister bis 86 kg, trainieren konnte. Insgesamt trainierte ich dort für vier hoch intensive Einheiten, die mir den letzten Schliff für einem WM-Kampf gaben.

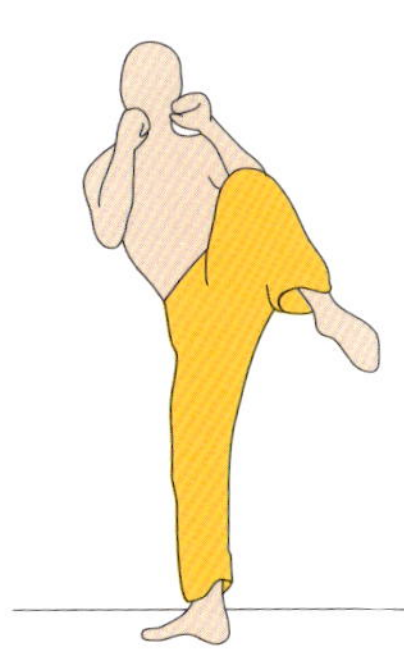

2. Aufbau meines Krafttrainings

Ein mal pro Woche führte ich ein Ganzkörperkrafttraining aus. Ich konzentrierte mich bei diesem Krafttraining auf Grundübungen und schwere Gewichte. Der Grund lag darin, meine Explosivität und Schnelligkeit zu steigern. Für eine schnelle und explosive Bewegung ist es notwendig, möglichst viele Muskelfasern möglichst schnell zu aktivieren. Diese Fähigkeit lässt sich durch ein spezielles Training mit Gewichten verbessern. Die meisten Muskelfasern steuern Sie über ein Maximalkrafttraining an. Man muss jedoch bedenken, dass ein hartes Krafttraining auch zu einem Übertraining führen kann. Aus diesem Grund führte ich pro Muskelgruppe nur eine Übung mit vier Sätzen durch. Ich wählte hierbei ein Pyramidensystem:

- erster Satz 8 Wdh.,
- zweiter Satz 6 Wdh.,
- dritter Satz 4 Wdh. und
- vierter Satz 2 Wdh.

Ich wählte ein Gewicht pro Satz, bei dem ich die Wiederholung gerade noch so schaffte.
Beispiel Bankdrücken: mit 80 kg 8 Wdh., mit 90 kg 6 Wdh., mit 95 kg 4 Wdh. und mit 100 kg 2 Wdh.
Dies war mein Programm für die Brustmuskulatur. Es folgten Klimmzüge für den Rücken, Kniebeugen für die Beine und Nackendrücken für die Schultern.
Das Programm mag für einen Bodybuilder natürlich ein wenig mager erscheinen, aber bedenken Sie, dass ich mich mit diesem Krafttraining auf einen Kickboxkampf und nicht auf eine Bodybuilding-Meisterschaft vorbereitete.

In einer Wettkampfvorbereitung kann man meines Erachtens keine zusätzliche Muskelmasse aufbauen, da man zuviel Energie für Ausdauer und Schnellkraftausdauer verwendet. Das aufgeführte Krafttraining diente zur Steigerung der Explosivität und zur Erhaltung meiner Grundkraft.

3. Aufbau meines Techniktrainings

Mein Techniktraining gliederte sich in Schattenboxen und Partnertraining. Beim Schattenboxen achtete ich darauf, schnelle Kombinationen zu schlagen und immer in Bewegung zu bleiben. Zum Abschluss der letzten 10 Tage meiner Vorbereitung führte ich schnelles und dynamisches Schattenboxen durch. Durch die harte Vorbereitungsphase und die harten Trainingseinheiten in München fühlte ich mich übertrainiert und ausgelaugt. Eine Pause wollte ich jedoch nicht einlegen.
Beim Schattenboxen fühlte ich mich wieder locker und konzentriert. Das Schattenboxen führte ich immer ohne Zusatzgewichte wie Kurzhanteln durch. Während des Schattenboxens stellte ich mir geistig meinen Kontrahenten vor. Beim Techniktraining mit meinen verschiedenen Trainingspartnern konzentrierte ich mich auf Grund- und Kontertechniken. Mit Mladen Steko studierte ich die wichtigsten Konter gegen meinen Kontrahenten ein. Wir schauten uns auf Video gemeinsam einige Kämpfe meines Gegners an und analysierten seine Stärken und Schwächen. Mladen hatte immerhin schon insgesamt über 11 Runden gegen meinen Gegner Rony Hinterseher gekämpft. Beim Techniktraining ach-

tete ich darauf, dass meine Partner mich mit dem Ziel angriffen, mich mit vollem Kontakt hart treffen zu wollen. Nur so kann man sich wirklich auf einen Angriff vorbereiten. Wenn man hingegen die Techniken locker ausführt, erfüllt man seinen Trainingspartner damit keinen Gefallen, da man locker geschlagene Techniken nun mal viel leichter Kontern kann, als dynamisch und hart ausgeführte Techniken.

4. Erholung

Ohne genügend Erholung ist kein Fortschritt möglich und damit auch kein Erfolg. Für junge Kämpfer ist es meist schwer einzusehen, dass man seinem Körper einmal eine Pause zum Regenerieren und Aufbauen geben muss. Man sieht dann oft Kämpfer, die vom Trainingsaufbau eigentlich in Bestform sein müssten, aber beim Kampf dennoch versagten. Meist liegt das daran, dass die Athleten übertrainiert waren. Selbst ist mir das zweimal passiert – für meinen letzten Kampf sollte mir das nicht mehr passieren. Aus diesem Grund ließ ich mich einmal pro Woche massieren. Ich räumte dieser Massage einen genauso hohen Stellenwert ein wie einer Trainingseinheit. Thomas Meyer, ein Physiotherapeut und Sportwissenschaftler, mit dem ich zusammen studierte, tat sein Bestes, um meine Muskulatur zu lockern.

Durch die **Massage** regenerieren Sie besser und sind dadurch schneller wieder leistungsfähig. Ein- bis zweimal in der Woche ging ich in die Sauna, jedoch immer als Abschluss meiner Trainingseinheit. Mehr als zwei Durchgänge führte ich nicht durch. Am Tag vor dem Wettkampf sollte man gar keine Saunagänge mehr durchführen.

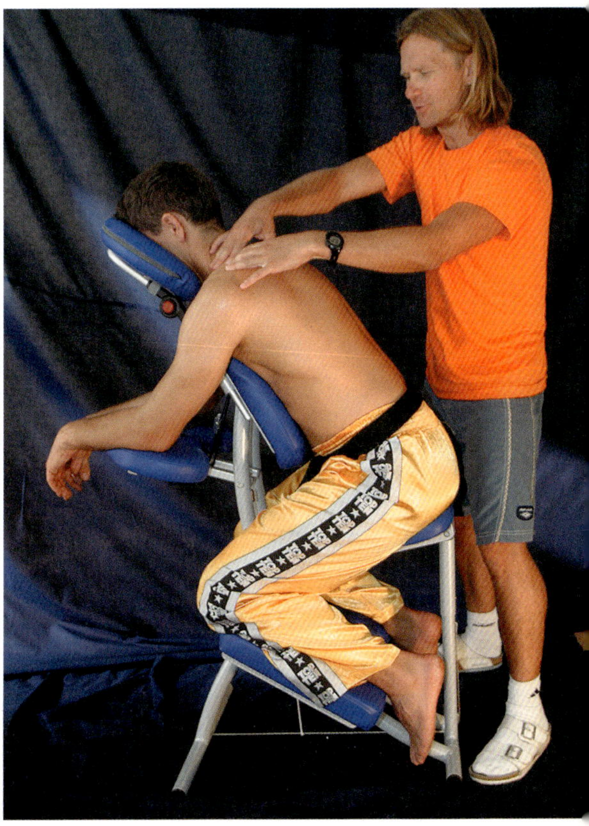

Am Wochenende trainierte ich nicht, sondern versuchte mich nur zu erholen und Motivation für die kommende Woche zu erlangen. Ein weiterer Grund dafür war, dass ich mich wegen meiner Tätigkeit als WKA Europadirektor auf Turnieren oder Seminaren befand. Sollten Sie ebenfalls einen Beruf haben, der Sie fordert und physisch wie psychisch viel von Ihnen abverlangt, können Sie keinen Hochleistungssport betreiben. Als Selbständiger konnte ich mir meine Bürozeiten unter der Woche frei einteilen. Dies ging aber nur, weil ich mich konsequent an meinen Zeitplan hielt.

Außerdem wusste ich, dass dies mein letzter Kampf sein würde und gab meinem Training die höchste Priorität. Stress in der Partnerschaft ist nicht besonders förderlich für Ihre sportliche Karriere.

Untersuchungen in anderen Sportarten haben ergeben, dass sich Stress in der Beziehung negativ auf die Leistung auswirkt.

Versuchen Sie im Vorfeld Ihrem Partner klar zu machen, worauf Sie sich vorbereiten. Sollte es trotzdem zu Streitereien kommen, sagen Sie Ihren Kampf ab oder beenden Sie Ihre Beziehung.
Schlafen Sie ausreichend, um sich zu regenerieren. Da ich nachts nur ca. sechs Stunden schlafen konnte und meist auch noch mehrfach geweckt wurde – ich bin Vater geworden und Babys haben auch nachts Hunger –, legte ich einen Mittagsschlaf von ca. 45–60 Minuten ein.
Die **psychische Erholung** ist ebenfalls wichtig. Nervosität und innere Anspannung vor solch einem Kampf können Sie den Sieg kosten. Es gibt zahlreiche Entspannungsmethoden, die Sie ausüben können. Ich selbst mache autogenes Training sowie eine Form der Visualisierung. Ich motiviere mich selbst und sage mir immer vor Kämpfen »Egal, was passiert, die Sonne geht morgen wieder auf, ob ich gewinne oder verliere«.
Sie sollten sich nicht zu sehr in den bevorstehenden Kampf hineinsteigern. Gehen Sie abends aus, treffen Sie sich mit Freunden oder tun Sie einfach das, was Ihnen Spaß macht. Auf durchzechte Nächte und Parties mit viel Alkoholgenuss sollten Sie jedoch verzichten.

Zehn Tage vor meinem Kampf reduzierte ich mein Training, um mich wieder komplett zu regenerieren.
In den letzten fünf Tagen absolvierte ich nur noch leichtes Schattenboxen, höchstens 15 Minuten pro Tag. Am Wettkampftag fühlte ich mich total regeneriert und war top in Form.

5. Ernährung

Über Ernährung gibt es zahlreiche Bücher, die verschiedene Theorien belegen und widerlegen. Man sollte sich gesund ernähren, das steht außer Frage. Jedoch hat jeder Mensch einen anderen Stoffwechsel und verarbeitet Produkte unterschiedlich. Bill Wallace zum Beispiel, eine lebende Kampfsport-Legende, ist mit über 50 Jahren in Topform. Würde ich mich aber so wie Bill Wallace ernähren, würde ich krank werden. Trotzdem sind die Nahrungsprodukte, die er zu sich nimmt, für ihn optimal. Damit will ich sagen: Hören Sie auf Ihren Körper und Ihren Geschmack. Die Auflistung, die ich Ihnen hier vorstelle, hat bei mir gut funktioniert. Ob dies bei Ihnen der Fall sein wird, kann ich nicht garantieren.
Der große Vorteil bei diesem Kampf bestand darin, dass ich nicht abnehmen musste, sondern 3,5 kg zunehmen wollte. So konnte ich zwei warme Mahlzeiten am Tag essen. Doch obwohl ich wirklich viel gegessen habe, konnte ich durch das harte Training gerade mal 2 kg zunehmen. Ich aß viele Nudelgerichte, auf saftige Steaks verzichtete ich und nahm dreimal pro Woche Fisch oder Geflügelprodukte, viel Salat und Obst zu mir. Zusätzlich trank ich mindestens

4 Liter Wasser. Nahrungsergänzung nahm ich ebenfalls zu mir, und da ich gerade für die Firma Fitline einen Test durchführte, war ich mit Mineral- und Vitamindrinks ausreichend versorgt. Morgens und abends nahm ich meist ein Vitamin-Mineralstoffpräparat ein. Des weiteren erhielt ich Vitamin B12 Spritzen sowie ein Produkt, welches mir ein Heilpraktiker aus München empfahl, um mein Bindegewebe und die damit verbundenen Gelenkschmerzen zu reduzieren. Zusätzlich bekam ich »Sinovia 2002« – und meine Gelenkschmerzen waren weg. Drei Tage vor dem Kampf nahm ich nur leichte Nahrung und fast ausschließlich Kohlenhydrate zu mir. Meine letzte Mahlzeit, eine Banane, verzehrte ich vier Stunden vor dem Kampf, ansonsten trank ich viel Wasser.

6. Betreuer- und Trainingspartner

► Einen WM-Kampf gewinnt man nie alleine – es ist vielmehr das Team, das durch seine Unterstützung die perfekte Leistung ermöglicht.

Für die Vorbereitung hatte ich zwei Partner, die sich ebenfalls auf einen Wettkampf vorbereiteten und so jeden Morgen mit mir zusammen trainierten. Daneben hatte ich vier Trainer: Jürgen Lutz und Rainer Poser aus dem Bulldog-Gym, Patrick Conar für mein privates Pratzentraining und Pavlica Steko, der mir in München den letzten Schliff gab. Für mein gesundheitliches Wohlbefinden standen mir drei Heilpraktiker und ein Physiotherapeut zur Seite. Hinzu kamen noch etliche Sparrings-Trainingspartner, die meinen Sieg erst möglich machten. Das ganze mag sich zwar ein wenig übertrieben anhören, doch ich befand mich in der Form meines Lebens.

Die Betreuung beim Wettkampf:
Frühzeitig kümmerte ich mich um meine Betreuer in der Ecke. Jürgen Lutz und Frank Scheuermann waren verhindert, daher coachte mich Pavlica Steko. Er gab mir die richtigen und exakten Anweisungen in der Ecke und während der Runde. Der Bundestrainer im Pointfighting, Robert Ulbrich, kümmerte sich um meine Bandagen und gab mir die genaue Zeit für die verbleibenden Runden. Meine beiden Trainingspartner Torsten Helms und Helmut Mikolajek schirmten mich ab, sorgten dafür, dass ich vor meinen Kampf in der Kabine auch wirklich meine Ruhe hatte, und sie kümmerten sich um das ganze Equipment für den Kampf: Boxhandschuhe, Vaseline, Mantel, Getränke usw. Ich brauchte also wirklich nur zu kämpfen. Für die medizinische Betreuung war Manfred Gerlinger, ein Heilpraktiker aus München, zuständig, der während der Pause durch gezielte Ohrakupunktur meine Adrenalinausschüttung verstärkte.

Trainingsplan (Zusammenfassung)

► Weltmeister im Kickboxen werden nicht geboren, sondern gemacht.

Für einen WM-Kampf brauchen Sie gezielte Vorbereitung. Nehmen Sie sich die Zeit für eine schriftliche Ausführung Ihres Trainingsplans. Stimmen Sie den Plan auf sich ab und lassen Sie sich von kompetenten Personen beraten.

Nachstehend der Trainingsplan für meinen WM-Kampf: Zusätzlich gab ich pro Woche 9 Stunden Training (die Zeiten, die ich im Büro verbrachte, sind nicht aufgeführt).

1. Woche	Mo 08.02.	Di 09.02.	Mi 10.02.	Do 11.02.	Fr 12.02.	Sa 13.02.	So 14.02.
Trainings-Einheit 1				90 Min. Sparring und Pratze		7 Runden Sparring, 3 Runden Pratze, Kraftausdauer, Liegestütze, Kniebeugen	
Trainings-Einheit 2							
2. Woche	**Mo 15.02.**	**Di 16.02.**	**Mi 17.02.**	**Do 18.02.**	**Fr 19.02.**	**Sa 20.02.**	**So 21.02.**
Trainings-Einheit 1	Lauf 3,6 km, Intervalltraining, 3 Durchgänge Pratze je 50 Wdh.	10 Runden Sparring	12 Durchgänge Pratze à 1 Min. mit je 1 Min. Pause	90 Min. Boxen, Techniktraining	Massage	Seminar Trainingslehre	Turnierorganisation
Trainings-Einheit 2	Krafttraining, Sauna			10 Runden Sparring, 3 Runden Pratze, Kraftausdauer zum Schluss	10 Runden Sparring		

3. Woche	Mo 22.02.	Di 23.02.	Mi 24.02.	Do 25.02.	Fr 26.02.	Sa 27.02.	So 28.02.
Trainings-Einheit 1	Lauf 3,6 km, Intervall-training, 3 Durchgänge Pratze je 50 Wdh.	10 Runden Sparring	10 Runden Pratze à 2 Min. mit je 45 Sek. Pause, im Anschluss 60 Min. Spinning	90 Min. Boxen, Technik-training	Massage	Erholung, leichtes Stretching	Erholung, leichtes Stretching
Trainings-Einheit 2	Kraft-training, Sauna		Sauna	10 Runden Sparring, 3 Runden Pratze, Kraft-ausdauer zum Schluss		12 Runden locker Sparring, Sauna	

4. Woche	Mo 01.03.	Di 02.03.	Mi 03.03.	Do 04.03.	Fr 05.03.	Sa 06.03.	So 07.03.
Trainings-Einheit 1	Lauf 7,2 km	Lauf 3,6 km, Sprint-training 5mal 100 m	10 Runden Pratze à 2 Min. mit je 45 Sek. Pause, im Anschluss 60 Min. Spinning	90 Min. Boxen, Technik-training	Massage	Erholung	Erholung
Trainings-Einheit 2	Kraft-Training, Sauna	60 Min. Technik-training	5 Runden Sparring	12 Runden Sparring, 2 Runden Pratze, Kraft-ausdauer zum Schluss	Technik-training, Sauna		

5. Woche	Mo 08.03.	Di 09.03.	Mi 10.03.	Do 11.03.	Fr 12.03.	Sa 13.03.	So 14.03.
Trainings-Einheit 1	Lauf 3,6 km, Intervall-training 3 Durchgänge Pratze je 50 Wdh.	Lauf 3,6 km, Sprint-training 5mal 100 m	Krank Erkältung	Krank Erkältung	Turnier Point-fighting, 4 Kämpfe aus Spaß	Noch leichte Erkältung	Noch leichte Erkältung
Trainings-Einheit 2	Kraft-training, Sauna						

6. Woche	Mo 15.03.	Di 16.03.	Mi 17.03.	Do 18.03.	Fr 19.03.	Sa 20.03.	So 21.03.
Trainings-Einheit 1	Lauf 7,2 km	Lauf 3,6 km, danach 800 m mit max. Tempo	12 Runden Pratze à 2 Min. mit je 45 Sek. Pause, im Anschluss 60 Min. Spinning	90 Min. Boxen, Technik-training	Massage	Erholung	Lauf 3,6 km, danach 800 m mit max. Tempo
Trainings-Einheit 2	Kraft-training, Sauna	5 Runden Sparring, 5 Runden Sandsack		12 Runden Sparring, 2 Runden Pratze, Kraftausdauer zum Schluss	Lockeres Technik-training		

7. Woche	Mo 22.03.	Di 23.03.	Mi 24.03.	Do 25.03.	Fr 26.03.	Sa 27.03.	So 28.03.
Trainings-Einheit 1	Lauf 3,6 km, Sprint-training 5mal 100 m	12 Runden Sandsack, Partner-übungen	12 Runden Pratze à 2 Min. mit je 45 Sek. Pause, im Anschluss 60 Min. Spinning	Spezial-training München, Technik und Intervall-training, 10 Durch-gänge à 15 Sek. Action mit je 15 Sek. Pause	Spezial-training München, 90 Min. Technik-training	Spezial-training München, 60 Min. Sparring, Schwerpunkt Konter-technik	Erholung
Trainings-Einheit 2	Kraft-training, Sauna				Spezial-training München, 8 Runden Sparring, pro Runde neuer Gegner, danach 5 Runden Pratze		

8. Woche	Mo 29.03.	Di 30.03.	Mi 31.03.	Do 01.04.	Fr 02.04.	Sa 03.04.	So 04.04.
Trainings-Einheit 1	Lauf 3,6 km, mit max. Tempo	Technik-training, Schatten-boxen	12 Runden Schatten-boxen	90 Min. Boxen, Technik-training	Massage	Erholung	Lauf 5 km, Stretching
Trainings-Einheit 2		Massage					

9. Woche	Mo 05.04.	Di 06.04.	Mi 07.04.	Do 08.04.	Fr 09.04.	Sa 10.04.	So 11.04.
Trainings-Einheit 1	Lauf 3,6 km, Sprint-training 3mal 100 m	lockere Gymnastik	Leichtes Schatten-boxen	Erholung	Anreise und Wiegen	Spaziergang, Massage	Party
Trainings-Einheit 2						WM-Kampf 12 Runden	

ANHANG

Die historische Entwicklung des Kickboxens

Nach dem 2. Weltkrieg fanden asiatische Kampfsportarten ihren Weg nach Amerika und erfreuten sich schnell großer Beliebtheit.

Ab 1967 wurden in Amerika Karate-Turniere ausgetragen. Diese unterschieden sich von den ursprünglichen Turnieren darin, dass den Kämpfern der harte Kontakt bei den einzelnen Techniken erlaubt war. Nach einem Treffer wurde der Kampf gestoppt und die Schiedsrichter erteilten ihre Wertungen.

Im Januar 1970 fand der erste Kickboxkampf in den USA statt. Dieser wurde vom Karateka Joe Lewis nach den neuen Regeln – nämlich voller Kontakt und kein Punktstop – sowie mit Boxhandschuhen und Tennisschuhen ausgetragen. Erlaubt waren Fausttechniken, Würfe und Fußtechniken oberhalb der Gürtellinie. Lewis gewann diesen Kampf im Schwergewicht. Heute gilt er als Kampfsportlegende, gibt in der ganzen Welt Seminare und hat zudem Erfolg als Filmschauspieler.

1972 entwickelte der in Amerika lebende Koreaner Jhoon Rhee eine Schutzausrüstung für Karatekämpfer aus hartem, gummiartigem Schaumstoff. Es handelte sich dabei um einen Boxhandschuh-ähnlichen Faustschützer, bei dem die Finger freigelegt waren, wodurch das Greifen möglich war. Für die Füße wurde eine Art Gummischuh entwickelt, der sich um die Ferse und den Spann legte, die Fußsohle war frei. Diese Schutzausrüstung ermöglichte es nun, Karatekämpfe mit Kontakt auszutragen und die Verletzungsgefahr zu reduzieren. Sie wurde unter Protest der traditionellen Karateka auf den Turnieren eingeführt.

Aus dem einstigen Karate entwickelte sich ein Turniersystem, welches zu Anfang »Sportkarate« oder »Pointkarate« genannt wurde. Heute wird die Form des Kontakt-Karatekampfes in Amerika als Karate, in Europa als Pointfighting oder Semikontakt-Kickboxen betrieben.

Semikontakt-Kickboxen ist heute auf der ganzen Welt als spektakulärste Kampfsportart vertreten. Das Regelwerk ermöglicht Kämpfern aus verschiedenen Stilrichtungen gegeneinander anzutreten: So können Karatekämpfer gegen Kung-Fu-Kämpfer und Kickboxer gegen Taekwondo-Kämpfer antreten.
Ziel ist es – ähnlich wie im olympischen Fechten – einen Treffer beim Gegner zu

erlangen und dadurch einen Punkt zu erhalten. Aufwendige Techniken, wie ein Sprungkick zum Kopf, werden mit einer höheren Punktvergabe belohnt.

1972 revolutionierte die Schutzausrüstung das Karate und ermöglichte es, mit vollem Kontakt und ohne Punktstopp – wie von Lewis demonstriert – gegeneinander zu kämpfen. Da man sich jedoch von den Boxern distanzieren wollte, nannte man die neu erschaffene Kampfsportart »Fullcontact-Karate«. Gekämpft wurde damals auf einer abgegrenzten Mattenfläche und nicht im Ring. Erlaubt waren Würfe aus dem Judo, Fausttechniken aus dem Boxen sowie Handkantenschläge aus dem Karate. Fußtechniken waren nur über der Gürtellinie erlaubt. Die Kampfkleidung bestand aus einer langen Karatehose (meist wurde ein Karategürtel dazu getragen), der Oberkörper war frei.

1974 war die Geburtsstunde dieser Kampfsportart. Zu den ersten Weltmeisterschaften im Fullkontact-Karate in Los Angeles/Kalifornien waren 10.000 Zuschauer gekommen. Die Kämpfe wurden vom Fernsehen übertragen, die Veranstaltung war ein großer Erfolg. Im Laufe der Zeit, und auch durch den Druck der Fernsehgesellschaft, veränderten sich die Regeln. Aus der Kampffläche wurde ein Ring, anstelle der offenen Handschuhe wurden Boxhandschuhe eingeführt.

Die ersten Fullcontact-Karatekämpfe fanden in Amerika statt. Die Amerikaner begannen nun auch in Übersee zu kämpfen und genossen in Europa den Ruf, unschlagbar zu sein: Ein amerikanisches Team kämpfte 1976 in Paris gegen eine Auswahl von Kämpfern aus Europa – alle fünf Kämpfe gewannen die Amerikaner.

Auch in **Europa** wurde Fullcontact-Karate immer populärer, wurde jedoch im Gegensatz zu Amerika als Amateursport betrieben. In **Asien** sah die Situation ein wenig anders aus. Einige amerikanische Fullcontactkämpfer und auch einige Europäer kämpften in Japan und Thailand nach den Regeln des **Thai-Boxens**. Fast alle Kämpfe wurden damals von den Asiaten durch K.O. gewonnen. Der einzige Kämpfer, der sich in Asien durchsetzen konnte, war Benny Urquidez. Er wurde in Japan so populär, dass ein Comic von ihm gemacht wurde.

Als Grund für die Niederlagen der amerikanischen und der europäischen Kämpfer ist wohl die unterschiedliche Kampfweise anzuführen. Thai-Boxen ist nicht nur der thailändische Nationalsport, sondern eine alte Kriegskunst, die auf eine Jahrhunderte alte Tradition zurückzuführen ist. Hinzu kommt, dass Thai-Boxen eine Vollkontakt-Kampfsportart ist. Hier sind sowohl Kniestöße, als auch Ellenbogenschläge sowie Tritte unterhalb der Gürtellinie erlaubt. Die Schutzausrüstung besteht lediglich aus Boxhandschuhen (vor 1929 waren die Fäuste mit Bandagen umwickelt). Die meisten K.O.'s erfolgten durch Low-Kicks, Halbkreistritte auf die Oberschenkel, die es nach einigen Treffern unmöglich machten, sich auf den Beinen zu halten. Diese Technik war der Hauptgrund, warum die Amerikaner und Europäer geradezu reihenweise K.O. getreten wurden, umso mehr noch, da die Fullcontact-Karatekämpfer keinerlei Erfahrungen mit Knie- und Clinchtechniken hatten. Wurden die Kämpfe jedoch nach Fullcontactregeln durchgeführt, so waren die asiatischen Kämpfer im Nachteil, da sie auf ihre Knie-, Ellenbogenstöße und Low-Kicks verzichten mussten.

Man begann nun ein **Regelwerk** zu entwickeln, welches beiden Stilrichtungen gerecht wurde und Kickboxen zu einem globalen Sport werden ließ: Knie- und Ellenbogentechniken, Clinch und Würfe wurden verboten, Boxtechniken, Low-Kicks und Fußtechniken über der Gürtellinie waren erlaubt.

Dies war die Geburtsstunde des modernen Kickboxens und zugleich die Geburtsstunde der WKA (World Kickboxing and Karate Association). Howard Henson, der erste WKA Präsident, führte dieses Regelwerk, das um 1978 vollständig in Kraft trat, weltweit ein. Es fand schnell Anerkennung in Asien, Amerika und Europa, wobei sich in Deutschland erst 1980 diese Form des Kickboxens durchsetzte.

Inzwischen ist das moderne Kickboxen unter der Leitung der »World Kickboxing Association« in über 100 Ländern vertreten und organisiert sich in den Bereichen: Professionelles Kickboxen, Amateur Kickboxen (Leicht- und Vollkontakt) und Pointfighting und Formen. Weltweit werden für diese Disziplinen Seminare, Schulungen und Turniere veranstaltet. Die WKA ist für diese Aufgaben straff strukturiert. Das WKA Headquarter befindet sich in Birmingham, England, und wird vom Präsidenten der WKA, Paul Ingram, professionell geführt. Seit seiner Amtszeit hat sich die Anzahl der Ländervertretungen weltweit vervierfacht. Die WKA Homepage verzeichnet monatlich über 350.000 Klicks (www.worldkickboxing.com).

Klaus Nonnemacher hat als Vize-Weltpräsident die Position hinter Paul Ingram inne. Danach folgen die Vize-Weltpräsidenten, die für die verschiedenen Disziplinen der WKA verantwortlich sind. Das Gürtelsystem und Schiedsrichterwesen wird von separaten Komitees geleitet. Klaus Nonnemacher schuf diesbezüglich in Deutschland eine weltweit vorbildliche Struktur.

Allgemeines

Ein gutes **Kickboxtraining** kann zu einer Erlebnisreise im Bereich der Fitness und des eigenen Körpers führen.
Oft werde ich gefragt, für wen Kickboxen geeignet ist: Das hängt natürlich von der gewünschten Aktivität ab:

- Für Kickboxen oder Kampfsport allgemein als Hochleistungssport betrieben, ist nach meiner Erkenntnis das Alter von 16 bis 35 Jahren optimal.
- Als *Breitensport* betrieben, starten viele Trainer schon mit Kampfsportkursen für Kinder ab 5 Jahren – wobei dort das Training sehr spielerisch geleitet wird.
- In Deutschland gibt es immer mehr Senioren-Kampfsportgruppen – wobei der Schwerpunkt im Training der Selbstverteidigung liegt.
- Der Grossteil jedoch trainiert Kickboxen aus Fitnessgründen.

Es gibt kaum eine Sportart, bei der so viele *Muskelgruppen* angesprochen werden wie beim Kampfsporttraining. Kein anderes Training bietet vergleichbar schnellen und konzentrierten Fettabbau. Nirgendwo sonst werden Schnellkraft, Ausdauerkraft, Kondition, Koordination, Gleichgewicht, Beweglichkeit und das Reaktionsvermögen so perfekt geschult und aufgebaut wie im Kickboxen.

Hinzu kommt ein weiterer positiver Aspekt: Kampfsporttraining schafft Selbstvertrauen. Gekoppelt mit der nötigen Disziplin, hat das Training vor allem bei Kindern und Jugendlichen, die eher schüchtern und unsportlich sind, als positive Ergänzung zur Entwicklung der Persönlichkeit beigetragen.
In den USA findet man immer mehr gestresste Manager, die im Kampfsporttraining den Ausgleich zu ihrem Beruf suchen. Nirgendwo ist Stressabbau effektiver als am Sandsack.

Sollten Sie Interesse am Kampfsport im allgemeinen und am Kickboxen im besonderen haben, können Sie sich gerne an folgende Adresse im Internet wenden oder eine Email schreiben:
www.kickboxing.de
Nonnemacher@kickboxing.de

»Die Grenzen
Ihres Erfolges
setzen Sie
sich selbst.«